A ROSA E O

Coleção Em Busca de Deus
- *A rosa e o fogo* – Inácio Larrañaga
- *Cristo minha vida* – Clarence J. Enzler
- *José, o pai do Filho de Deus* – André Doze
- *Mostra-me o teu rosto* – Inácio Larrañaga
- *O irmão de Assis* – Inácio Larrañaga
- *O silêncio de Maria* – Inácio Larrañaga
- *Suba comigo* – Inácio Larrañaga

Inácio Larrañaga

A ROSA E O *Fogo*

Paulinas

Dados Internacionais de Catalogação na Publicação (CIP)
(Câmara Brasileira do Livro, SP, Brasil)

Larrañaga, Ignácio
  A rosa e o fogo / Ignácio Larrañaga ; tradução de Maria Luisa Garcia Prada. – 8. ed. – São Paulo : Paulinas, 2012. – (Coleção em busca de Deus)

Título original: La rosa y el fuego.
ISBN 978-85-356-3103-6

1. Evangelizadores - Autobiografia 2. Larrañaga, Inácio I. Título. II. Série.

12-03402
CDD-269.2

Índice para catálogo sistemático:

1. Evangelizadores : Autobiografia   269.2

8ª edição – 2012
4ª reimpressão – 2023

Título original da obra: *La rosa y el fuego*
© Provincial de Capuchinos de Chile. Catedral 2345. Santiago. Chile.

Direção geral: *Ivani Pulga*
Coordenação editorial: *Noemi Dariva*
Tradução: *Maria Luiza Garcia Prada*
Revisão de texto: *Paulo César de Oliveira*
Direção de arte: *Irma Cipriani*
Gerente de produção: *Antonio Cestaro*
Capa: *Manuel Rebelato Miramontes*

Nenhuma parte desta obra poderá ser reproduzida ou transmitida por qualquer forma e/ou quaisquer meios (eletrônico ou mecânico, incluindo fotocópia e gravação) ou arquivada em qualquer sistema ou banco de dados sem permissão escrita da Editora. Direitos reservados.

Paulinas
Rua Dona Inácia Uchoa, 62
04110-020 - São Paulo - SP (Brasil)
Tel.: (011) 2125-3500
http://www.paulinas.com.br — editora@paulinas.com.br
Telemarketing e SAC: 0800-7010081

© Pia Sociedade Filhas de São Paulo - São Paulo, 1998

*"Tudo se arranjará,
e qualquer tipo de coisa dará certo
quando as línguas de chama
se incluírem no mundo de fogo coroado,
e a rosa e o fogo forem um."*

(T. S. Eliot)

"E agora, o importante é terminar bem."

(Com estas palavras Teilhard de Chardin
finalizava as cartas nos seus últimos anos)

SUMÁRIO

Capítulo 1 9
   O silêncio se fez carne 11
   Onde existe amor não há repressão 13
   Cumes sedutores 16
   Caminhante pela noite 17
   No caminho da liberdade 19
   Alegria com certeza 23

Capítulo 2 27
   Noites transfiguradas 32
   Sacerdócio 34
   Os primeiros voos 37
   Um relâmpago na noite 41
   A travessia do oceano 49

Capítulo 3 53
   Alteração atmosférica 56
   Tudo começa 58
   Crise 62
   Terapia intensiva 71
   Simplesmente Ele 75

Capítulo 4 89
   Canto fundamental 89
   Retorno ao esquecimento 91
   "Nada me dá pena" 94
   A Serva 96
   Gredos 98
   Rochedos cinzentos 101
   Temperatura interior 104

Episódios 106
A última noite 109
Turbulências e altos e baixos 111
Na rota do Irmão 115
Noite 124

Capítulo 5 129
Escritor 129
Aventuras e desventuras 131
Encontros de Experiência de Deus 134
Objetivos e conteúdos 136
Estatísticas 137
Cansaço, rotina 140
Contra a corrente 142
Paixão e drama 144
Condicionamentos limitantes 146
Os colaboradores 153
Livros 154
Oficinas de Oração e Vida 164
Aprovação 174
Boatos 176
Do mastro mais alto 179

CAPÍTULO 1

No dia 30 de dezembro de 1995 tive em Madri uma entrevista com o diretor da Editorial PPC, que manifestou o desejo de que eu participasse de uma coleção na qual várias personalidades já haviam colaborado anteriormente, escrevendo também eu um livro em que sintetizasse e refletisse os impulsos vitais e os eixos constitutivos de uma existência – a minha – que já se aproxima do ocaso.

Sem ponderar muito, sem captar completamente o alcance íntimo e último da coleção, aceitei o convite, pensando que, assim que lesse os escritos dos autores que me haviam precedido, poderia ter uma boa ideia dos objetivos e características da coleção.

Assim que comecei a lê-los, logo percebi do que se tratava; e não pude evitar a sensação de estar envolto em um sudário de pavor, como quem caiu em uma armadilha. O que descobrira? Que a coleção não deixava de ter um caráter autobiográfico.

Não há dúvida que todo livro é autobiográfico de alguma maneira, por mais acrobacias que o autor faça para esconder-se sob o disfarce das palavras. Contudo, em nosso caso havia algo mais; tratava-se de entregar explicitamente um tipo de autobiografia circunscrita às características de uma coleção definida. No entanto, a editora, na última hora, decidiu publicar este livro na coleção *Sauce*, apesar do caráter íntimo das páginas que eu havia escrito pensando, um pouco forçado, no caráter da outra coleção.

Assim, as páginas seguintes relatam passagens da minha vida, uma vida que, francamente, não teve nem tem qualquer interesse do ponto de vista biográfico, por mais que tenha vivido em meio a multidões. Se existe alguma novidade nos meus dias, ela palpita enterrada sob todos os paralelos, lá onde não alcança a lupa psicanalítica.

Onde estava, então, o conflito?

* * *

De uns trinta anos para cá, aproximadamente, brotou em mim saindo das últimas raízes e cresceu em mim como uma árvore ereta... o que era? Eu não sei o que era. Convicção? Decisão? Imperativo absoluto? O fato é que eu me comprometera comigo mesmo a baixar à sepultura com todos os segredos de minha vida íntima com Deus inviolados. Uma ideia fixa? Pode ser.

A verdade é que, desde essa época, cujos pormenores detalharei mais adiante, fechei-me sob a abóbada do silêncio, e apesar de tantas entrevistas, diálogos públicos e particulares, nunca me deixei levar, e consegui manter obstinadamente resguardados os supremos segredos com meu Deus.

Nos últimos tempos, no entanto, me permiti uma exceção. Vendo que meus anos avançavam, convoquei 45 casais de diversos países para se apresentarem em São José, na Costa Rica, com o propósito de prepará-los para uma missão: realizar também eles a tarefa evangelizadora que eu havia cumprido ao longo de 24 anos mediante os

Encontros de Experiência de Deus (EED). Foi como uma entrega de tocha e, por outro lado, uma aposta nos leigos.

Nesse contexto, e para que eles pudessem descobrir onde se escondiam as raízes da mensagem da qual eu os constituía depositários e transmissores, acreditei ser oportuno e conveniente abrir-me, e me abri. Não sem certa apreensão, expus-lhes alguns momentos culminantes de minha vida com Deus. Foi a única vez.

O SILÊNCIO SE FEZ CARNE

Mas houve mais, muito mais... Para situarmo-nos completamente no contexto, comecemos formulando algumas perguntas: por que algumas pessoas se encantam com determinada música e outras ficam insensíveis? Por que aqueles indivíduos ficam extasiados diante de tal paisagem e estes outros permanecem indiferentes? Alguns dizem: deem-me comédias, e não tragédias; não me falem de Bach, ele me dá sono, falem-me de Vivaldi. Por que estes rapazes deliram por tal cantor popular, enquanto aqueles reagem com desinteresse?

Existem fiéis que se exaltam até o delírio diante do anúncio de notícias apocalípticas de determinadas aparições de Nossa Senhora, enquanto outros sentem horror e não querem nem ouvir falar disso. Que força magnética fazia tremer Domingo de Guzmán ao contemplar o Mestre da Galileia e que comoção agitava o Pobre de Assis quando meditava com lágrimas nos olhos no Cristo pobre e crucificado? Por que algumas pessoas são seduzidas por determinadas perspectivas enquanto as demais preferem outras? De que se trata? De misteriosas concordâncias ou discordâncias interiores que estão acima de qualquer psicanálise? Parecem correntes subterrâneas que unem e sintonizam determinados polos que vibram num mesmo tom.

* * *

Pois bem, no contexto desta explicação, nessa época à qual me referi acima, fiquei como que hipnotizado por uma série de escarpados cumes convergentes que me seduziram irresistivelmente, cumes em cujos topos se içavam, no mastro mais alto, enormes bandeiras com uma palavra: silêncio. Como já explicarei, essa palavra despertou em minhas últimas latitudes ressonâncias que ainda continuam no ar.

O primeiro cume chama-se Nazaré. Ali o silêncio se fez carne e habitou entre nós; e nenhum vizinho da aldeia conseguiu captar nem o mais ínfimo lampejo de seu resplendor.

Não dispomos de uma documentação fidedigna sobre as datas exatas de nascimento e morte de Jesus. Não podemos traçar o itinerário de suas andanças apostólicas nem localizar os lugares geográficos por onde ele peregrinou. Além dos Evangelhos, as fontes históricas não cristãs nos transmitem escassas e difusas notícias sobre Jesus. No entanto, e como contraste, que farta informação nos entrega Flavio Josefo sobre João Batista. Sobre Jesus, nada. Estranho silêncio. Nem sequer aparece o nome de Nazaré em seus escritos; e não esqueçamos que se chamava Jesus de Nazaré. Dentro dos parâmetros humanos, Jesus é uma figura historicamente irrelevante, um desconhecido.

Um silêncio ainda mais obstinado paira sobre a etapa de sua juventude em Nazaré, sobre a qual os evangelistas não nos informam absolutamente nada, salvo a cena dos doze anos.

Fez do silêncio sua música, e do anonimato sua morada. Ficamos abismados, sem saber o que dizer nem para onde olhar. Não viera para salvar o mundo mediante sua palavra? Por que agora permanecia mudo como uma pedra? Como se explica isso? Será que estamos diante de uma inversão copernicana de valores e critérios? Talvez tenha desejado nos dar uma grande lição sobre a eficácia da ineficácia, sobre a utilidade da inutilidade?

Esteve submetido à condição vulgar de um vizinho qualquer, mergulhado no típico falatório de uma aldeia insignificante; sem auréola de santidade, sem gestos heroicos, sem erguer a cabeça acima dos seus conterrâneos, simplesmente como alguém que não é notícia para ninguém.

Foi demais. Um exagero. Não era a imagem visível do Deus invisível, em quem e por quem foram criadas todas as coisas? Contra todos os prognósticos ocultou obstinadamente o esplendor de seu firmamento e mergulhou sem atenuantes na noite da experiência humana, convertido no grande desconhecido. Poderia ter sido mármore; preferiu ser esquecimento.

ONDE EXISTE AMOR NÃO HÁ REPRESSÃO

Este tem sido meu campo de batalha.

É bom que o leitor saiba que eu não sou humilde. Pelo contrário, o orgulho é um rio que me arrasta. Porém, deve saber também que, desde aquela longínqua época, fiz meu caminho desfolhando flores, cerceando cabeças, lutando contra moinhos de vento, despedaçando sem compaixão bonecos de pano, sem deixar títere com cabeça à minha passagem.

Foi uma longa e obstinada batalha para desaparecer, cavar vazios profundos e caminhar por atalhos de silêncio. Porém, mesmo assim, me sinto tão distante daquele coração "pobre e humilde" do Senhor... Ainda hoje tenho de ficar levantando incessantemente cercas de espinhos e sarças para barrar a passagem às pretensões da arrogância e, lenta e exaustivamente, ir adquirindo a disposição interior de Jesus.

* * *

Paralelamente, em minha constituição genética também não me coube a sorte de ter um caráter invejável. Não sou nenhum Francisco de Assis. Certamente, devido a essa constituição de aço, quantas vítimas não terei deixado no caminho da vida; a quantos não terei feito sofrer, como uma locomotiva que passa e arrasa. Contudo, assim mesmo, ninguém poderá imaginar quantas vezes tive de cerrar os dentes e morder a língua para poder agir com a doçura de Jesus. Por longos anos implorei aos céus, de joelhos, que chovesse mansidão sobre minha terra agitada.

Mas ainda assim, não deixei de ser impulsivo e impaciente, mesmo que minha aparência diga outra coisa. Ainda hoje, depois de tão longos anos de ascese, não disponho de um modo de ser temperado como sempre sonhei. Por quê?

* * *

Porque ninguém muda. Já expliquei em grande número de páginas dos meus livros que os códigos genéticos acompanham a pessoa desde o seu nascimento até a morte.

Quem nasce agitado, morre agitado. Aquele que nasce narcisista, morre narcisista. As tendências originais e os impulsos primários, derivados das diferentes combinações de cromossomos, persistem na identidade pessoal durante as diferentes etapas e vicissitudes da vida. Quem tem mau gênio nos dias de sua infância continuará tendo-o nos dias da senilidade. Ninguém muda. Todavia, pode-se melhorar, e nisso consiste a santidade.

No entanto, o que significa melhorar? Significa que, de tanto fazer atos de paciência, um indivíduo impaciente pode ir adquirindo maior facilidade para agir de maneira oposta aos seus impulsos compulsivos; cada vez mais vai precisar fazer menos esforços; e, por isso mesmo, esse indivíduo passa a ser visto como mais moderado.

E esse autocontrole não poderia constituir-se em uma forma de repressão? Considero que se uma pessoa de mau caráter procura reprimir suas reações compulsivas por considerações sociais ou normas de educação, dificilmente poderá escapar das garras da repressão, coisa realmente perigosa.

A única maneira de driblar esse perigo é simplesmente, ao reprimir os impulsos compulsivos, fazê-lo por amor, seja na intimidade do Senhor ou no processo da adaptação conjugal. Realmente, onde existe amor não há repressão.

Quando, no casamento, o amor é chama viva, não é difícil calar-se, ceder, deixar passar, ter paciência, aparar arestas. Porém, se o amor está congelado pela rotina ou por outras causas, o sacrifício deixa de ter sentido, não traz nenhuma compensação. Como consequência, passa-se a evitar sistematicamente tudo o que signifique renúncia, os conflitos aparecem e o casamento naufraga.

CUMES SEDUTORES

Pois bem. Disse anteriormente que, em certa época de minha vida, fiquei seduzido por alguns cumes altos e escarpados, o primeiro dos quais, e o mais elevado, era e é Nazaré. Outro cume proeminente para mim foi a figura de Frei João de Yepes, ou São João da Cruz. Certamente, sua existência não foi uma espetacular epopeia, mas um poema feito de silêncio e escuridão.

O asceta castelhano foi caminhando dos nadas para o tudo, envolto em um manto de silêncio, sempre descalço e a pé. Passou por vilarejos e ermidas deixando à sua passagem rastros de austeridade e toques de poesia. E à noite – noite escura – foi abrindo galerias subterrâneas e traçando sendas que conduziriam às profundidades do mistério sem fundo da alma humana, a qual nos descreveu como "uma profundíssima e larguíssima solidão... imenso deserto que por nenhum lado tem fim".

Foi incompreendido: não se queixou. Foi perseguido: não reclamou. Foi preso: manteve silêncio, dizendo: "Quem souber morrer a tudo, terá vida em tudo".

Estava Frei João da Cruz gravemente doente no cenóbio de Ubeda. Nas vésperas de sua morte foi visitado pelo Provincial de Andaluzia, Frei Antônio, que, por certo, fora companheiro de Frei João na época heroica da primeira reforma carmelitana em Duruelo.

Frei Antônio começou a relatar, diante dos irmãos que rodeavam o leito do agonizante, o tipo de vida que levaram naqueles primeiros anos da Reforma, uma vida de altas exigências e rigorosas penitências. Nisso, o moribundo Frei João cortou-lhe a palavra, dizendo: "Mas irmão, nós não tínhamos combinado que sobre isso nunca se falaria nada?". Maravilhoso. Naqueles épicos e longínquos dias, os dois reformadores haviam estabelecido uma espécie de sagrado juramento, um pacto de silêncio pelo qual se comprometiam a não contar nunca nada do que ali se havia vivido, nem sequer para a edificação dos irmãos.

Esse episódio deixou em minha alma uma ferida que ainda não cicatrizou; até hoje me comove. O profeta dos nadas tem sido desde os dias da minha juventude um dos cumes que mais me fascinaram.

CAMINHANTE PELA NOITE

Outra figura que deixou marcas indeléveis em minha história, sobretudo durante certa época, foi Charles de Foucauld, homem do deserto e habitante das regiões anônimas.

Depois de sua conversão, o Irmão Charles foi obsessivamente arrebatado pelo encanto de Nazaré e, é claro, pelo grande desconhecido dessa aldeia: Jesus. E, para poder viver despercebido à maneira do Filho de Maria, lá foi ele prontamente exercer o ofício de mensageiro para as Clarissas de Nazaré; e ali permaneceu longos anos cumprindo as tarefas e fazendo as compras para o mosteiro contemplativo.

Gravou no alto da porta do seu isolado e humilíssimo quarto o ideal de sua vida: "Jesus, Maria e José, aprenderei com vós a me calar, a passar oculto pela terra, como um caminhante pela noite".

Terminado o período convencionado no serviço de mensageiro, andou nos anos seguintes de deserto em deserto numa existência improdutiva e inútil – tão inútil como a de seu Mestre de Nazaré –, uma vida, enfim, aparentemente sem sentido. E morreu como lhe cabia morrer: absurdamente.

* * *

Quando um bando de rapazes assaltava e saqueava o eremitério onde vivia o irmão Charles, no deserto de Béni-Abbés (Argélia), os assaltantes incumbiram um de seus jovens camaradas de vigiar, fuzil na mão, o irmão Charles do lado de fora do recinto, enquanto eles se dedicavam à pilhagem. Nisso, um dos ladrões teve a ideia de gritar, querendo fazer graça: "Polícia!". E, em desabalada carreira, todos se puseram a fugir. O adolescente que vigiava o irmão Charles, atordoado e sem perceber o que fazia, disparou o fuzil sobre o peito do irmão, que morreu instantaneamente.

* * *

É possível maior absurdo? Onde está a auréola do martírio, a projeção transcendente de um final heroico? Nada. Ficamos sem saber o que dizer nem para onde olhar. Como entender isso? Não existe maneira. É como se estivéssemos diante da razão da não razão, com a utilidade da inutilidade, com o sentido do absurdo. O Irmãozinho morreu da mesma maneira que viveu: sem espetáculo nem glória.

Este final do Irmão Charles parece-se muito com a catástrofe do Calvário, porém é ainda pior. Pelo menos no cume do Gólgota havia tragédia, mas aqui apenas o absurdo.

Um significado invisível, porém palpitante, pode conferir a uma tragédia uma dimensão de grandeza e transcendência superiores ao tempo e aos horizontes. Porém aqui, nas entranhas desta vulgar queda do profeta, apenas jaz o nada como uma estrela morta. Estamos diante de um mistério imenso. Calemo-nos e fujamos também nós, buscando refúgio no templo da fé pura.

NO CAMINHO DA LIBERDADE

Pois bem, hipnotizado pela vertigem desses altos cumes, também eu me deixei arrastar por seu exemplo há aproximadamente trinta anos; e decidi-me deixar envolver pelo remoinho de tudo o que significasse silêncio e empreendi o voo até a região do esquecimento. Foi uma luta épica contra todas as tempestades e exigências do narcisismo, da egolatria e da autoglorificação, forças que se originam nas últimas raízes genéticas de minha personalidade.

Decidi, pois, entrar com determinação, e entrei, como num reator de esvaziamento, soltando ao vento delírios e quimeras, recusando conceder ao "eu" sequer uma maçã de autossatisfação, evitando mendigar disfarçadamente elogios e lisonjas. Foi o caminho da liberdade.

Naquela época, meus verbos favoritos eram esconder-se e desaparecer. Pode parecer difícil de acreditar, pois era o tempo em que eu começava a navegar entre multidões. O importante era que minha residência estivesse na retaguarda, sem aproximar-me jamais do primeiro plano, apesar de atuar, paradoxalmente, no primeiro plano; ou seja, comportar-me como se a comoção popular entrasse por um ouvido e saísse pelo outro, como se eu não existisse, sem falar de mim mesmo nem sequer para menosprezar-me.

Mil vezes os auditórios me solicitaram que lhes falasse de minha vida privada com Deus. Sei perfeitamente que os assim chamados "testemunhos de vida" impressionam fortemente os assistentes de um congresso; é muito bom, porque as pessoas se sentem edificadas e motivadas a melhorar. Porém, também sei como a vaidade, de uma maneira incrivelmente camuflada e sutil, pode se intrometer. Enquanto parece que estamos ressaltando a glória de Deus, sem perceber podemos estar oferecendo porções de vanglória a um "eu" inchado.

Se eu não pronunciasse muito o nome de Deus, não seria conhecido. Poderia, pois, começar a promover o nome de Deus para, por trás do seu nome, projetar o meu. Equivale a dizer: usar Deus como um palanque para, sobre esse palanque, erigir o meu trono. Se eu não falasse de uma plataforma, os assistentes não poderiam me ver; se não pronunciasse muito o nome de Deus, o público não me conheceria. Em lugar de servir a Deus, poderia começar a servir-me de Deus para a minha própria glória, em uma híbrida fusão.

Naturalmente, Deus não pode abençoar a obra do arauto que sistemática e sorrateiramente busca a si próprio com o pretexto da sua atuação. Poderá ter muita produtividade, quantificável em estatísticas, porém não haverá fecundidade, porque a fecundidade, eternamente fruto da graça, se dá em proporção ao silêncio.

Naquela época eu pude perceber que poderia cair, e teria caído, nessa sacrílega promiscuidade; e como é fácil deixar-se enredar, sem perceber, nesse jogo! O mistério se consuma no nível das intenções e motivações que operam por baixo da linha de flutuação.

Comecei, pois, a conjugar energicamente o verbo desaparecer. Empreendi decididamente o rumo dos nadas e do vazio. E, apesar de minhas congênitas pretensões narcisistas, apesar de navegar nessa época em meio ao vaivém das multidões, fechei-me na noite escura, envolvi-me num manto de silêncio, coloquei um cadeado na boca e submeti a uma prolongada abstinência todos os filhos e filhas do "eu".

Mais de uma vez expus-me ao ridículo diante dos meus familiares quando, após anos de ausência, nos encontrávamos e eles me faziam perguntas sobre minha vida e atividades, e... a verdade é que só conseguia dizer alguns monossílabos: "Bem, bem". Parecia que eu havia desaprendido a falar das minhas coisas, enquanto não parava de animar a conversa perguntando e fazendo recair o interesse sobre a vida de amigos e conhecidos.

Pior ainda. Essa ascese de silenciamento foi repercutindo, de certa forma, em minha personalidade, pois, sem perceber, fui me distanciando e evadindo da vida social e do trato com as pessoas, convertendo-me cada vez mais num ser retirado, para não dizer retraído. Em raras oportunidades, para não dizer nunca, aceitei convites para festas de onomásticos ou outros eventos familiares.

Não sei até que ponto esse gênero de vida foi positivo ou negativo para mim e para minha missão apostólica. Mais de uma vez me assaltou essa dúvida.

Mais ainda. Evitei durante anos as entrevistas jornalísticas e, sobretudo, as aparições nos canais de televisão. Essa renitência, no entanto, colocou-me com o tempo, num verdadeiro questionamento de consciência, porque comecei a suspeitar que ela poderia não ser coisa de Deus, e comecei a duvidar se não estaria já caindo em uma sutil armadilha de uma falsa humildade. O fato é que, a partir dessa percepção, nos últimos anos participei com frequência de programas jornalísticos, de rádio e televisão, em diversos países.

* * *

Não me lembro de ter presenteado alguém com um exemplar dos meus livros. Sempre senti uma estranha sensação como de vergonha. Vergonha de quê? Complexo? Não é fácil autoanalisar-me. Suspeito, entretanto, que as causas ocultas que motivavam essa sensação de rubor transitavam pelos rumos do esquecimento pelos quais eu havia optado.

Durante esses lustros, surpreendia-me, em algumas ocasiões, durante o dia, com devaneios do seguinte teor: gostaria, desejaria viver num mundo imaginário onde ninguém soubesse de mim, onde ninguém lembrasse de mim, e todos tivessem me esquecido, como uma ilha perdida em alto mar. Totalmente ignorado. Achava essa hipótese fascinante. Parecia-me que assim vivera o Pobre de Nazaré durante três décadas.

Porém, todas as vezes que despertava dessa estranha fantasia não deixava de me alarmar, duvidando se seria uma ilusão saudável ou se, em sua retaguarda, não haveria algum problema de fundo emocional. Como tantas outras vezes e em tantas outras coisas, não me aconselhei com ninguém, apenas deixei tudo em Suas Mãos, em silêncio e paz.

ALEGRIA COM CERTEZA

Pois bem, depois deste amplo rodeio, voltamos ao ponto de partida. Disse no começo que, quando o diretor da PPC convidou-me para colaborar na referida coleção, aceitei o convite sem pensar na responsabilidade que estava assumindo. Aceitei-o, entre outros motivos, porque me agradava colaborar com a PPC, já que essa editora me evocava a lembrança de um ser muito querido, admirado por mim desde os dias da minha juventude, José Luis Martin Descalzo, já na Pátria.

A poucos dias daquela entrevista, viajei para Quito para participar de um Congresso Internacional de Oficinas de Oração e Vida. Enquanto se desenrolavam as sessões do Congresso, nos momentos livres, fui folheando e lendo os livros da coleção com que Javier me obsequiara. E então comecei a tomar plena consciência do caráter quase autobiográfico dos escritos que integravam a coleção.

É difícil expressar com palavras o torvelinho que se originou em minhas águas interiores, em cujos remoinhos me sentia sacudido de um lado para outro por forças poderosas e contrárias. Um suor frio parecido ao do pânico apoderou-se de minha alma, pobre alma presa entre as mandíbulas da contradição. O que significava aquilo?

Como expliquei nas páginas anteriores, estava comprometido comigo mesmo a viver trancado na gruta do silêncio. Mais do que isso, adquirira o hábito de passar despercebido cobrindo com um manto de silêncio meus mundos e minhas coisas; sentia-me feliz na penumbra.

Mas agora, pela própria natureza da coleção, fora convidado a descerrar as cortinas, abrir as comportas da intimidade e colocar-me em primeiro plano, à luz do dia. Foi uma contrariedade. O que fazer? Deixei passar um dia e mais um. Sentia uma grande resistência em abordar o assunto. Porém, precisava responder, não podia postergar demais a decisão.

Finalmente, tudo se solucionou ali mesmo, no quarto solitário, no quinto dia do Congresso. O quarto para mim sempre foi escritório e oratório, e desta vez o foi de uma maneira especial.

A partir das 5h30 da madrugada desse quinto dia coloquei-me em Sua Presença com todas as energias concentradas. Coloquei meu problema em Suas Mãos. Humildemente solicitei-lhe o favor de que, ao longo dessa jornada, fizesse brotar em meu interior, como um repuxo, a certeza, uma certeza tecida de alegria.

Com o passar das horas, foi-se desenrolando diante dos olhos de minha mente um filme. Ele estava trançado de convicções e claridades, com o seguinte matiz: no final, o que é decisivo não é a ação, mas a intenção. Se a intenção é reta, a ação é pura. Se a intenção estiver enfocada no centro do "eu", automaticamente a ação fica corrompida, e fica corrompida na medida em que for realizada em proveito próprio, vaidade e satisfação.

Um apóstolo de Jesus Cristo poderia passar por este mundo entre o delírio das multidões, aclamado pela opinião pública, e no íntimo de sua alma ser somente um humilde anacoreta. A questão é, pois, a pureza de intenção: não o que se faz, e sim a intenção com que se faz. O mistério cumpre-se, pois, nas últimas e mais recônditas latitudes das motivações, na própria fronteira do mundo inconsciente. Assim então, a essência da questão é uma: que Deus seja a motivação suprema e única de tudo quanto eu faça, diga, escreva...

* * *

Por volta das seis horas da tarde desse quinto dia do Congresso de Quito, em meu interior produziu-se uma súbita alteração atmosférica; desapareceram as nuvens e o azul cobriu os espaços.

Era o que eu havia pedido pela manhã: a alegria. Uma alegria revestida de certeza ou uma certeza vestida de alegria. Porém, não era exatamente alegria; era outra coisa e muito mais: era segurança, festa... que até hoje me acompanham, ainda que com intensidade decrescente.

Interpretei essa alegria como sinal da vontade de Deus. Deus queria que eu saísse da gruta do silêncio e expusesse à luz pública "nossa" vida privada, a minha vida com ele.

Tudo estava claro. Escreveria, então, o livro que me haviam pedido, e seria um livro tirado de dentro e a partir da primeira palavra. Já disse que minha vida não tem tido interesse biográfico do ponto de vista histórico ou episódico. Vista desse ângulo, minha existência não poderia ser mais anódina e amorfa.

Falarei, então, para a glória de Deus, de alguns lances de minha história pessoal com Deus, e todas as páginas deste livro estarão impregnadas pelo dinamismo e pela intimidade de situações pessoais experimentadas no teatro da vida.

CAPÍTULO 2

Nunca fui um estudante que se sobressaísse, era apenas regular. Nos primeiros anos de seminário eu era um rapazinho reservado e inibido, que nem sequer se atrevia a abrir a boca porque mal sabia falar o castelhano.

De fato, nasci num casario nas proximidades do santuário inaciano de Loyola (Guipúzcoa, Espanha). Nessa época, em que havia apenas aparelhos de rádio nas casas, eu tinha ouvido falar pouco ou nada o castelhano. Meu único idioma de comunicação, nessa importante etapa de minha existência, havia sido o *euskera*, a língua dos bascos.

Durante os anos de seminário, entre a minha inata timidez e a dificuldade de expressar-me em castelhano, eu me sentia como um jovenzinho perdido num mundo estranho e um pouco hostil. Hostil, porque fazia pouco tempo que terminara a guerra civil espanhola, e os bascos haviam sido derrotados precisamente pelos carlistas navarros que lutavam do lado de Franco. Pelo menos, isso foi o que aconteceu em minha província de Guipúzcoa.

* * *

Pois bem, no seminário a maioria dos colegas alunos eram navarros, como também a maior parte dos professores (religiosos capuchinhos). Obviamente era inevitável certa hostilidade ambiental com relação aos bascos, que eram qualificados como "vermelhos separatistas". Nessa atmosfera transcorreram os anos de minha primeira juventude. Não foram fáceis: solitário, em meio à algazarra juvenil, com fome e carência de afeto.

Nunca me senti discriminado por ninguém, coisa dolorosa para um jovenzinho sensível. Não me lembro de ter sentido nenhum sinal de predileção por parte de algum dos professores. Antes suspeito que eles pressentiam que aquele jovenzinho não perseveraria, e não valeria a pena ajudá-lo nem estimulá-lo.

Agora, em meus quase 70 anos, quando olho para trás e evoco aqueles anos, fico assombrado pensando em como não fugi do seminário para a casa paterna, como pude perseverar. E respondo a mim mesmo que minha perseverança deveu-se a dois fatores: em primeiro lugar, no fundo daquele rapazinho já palpitava a tenacidade típica dos bascos; em segundo lugar, também me detinha ali uma sólida piedade centrada em Jesus, piedade que me fora transmitida por meu pai.

Nos momentos de desamparo dos gelados dias hibernais do seminário, quantas vezes me agarrei à lembrança de meu pai, nas noites de Semana Santa nos convocando ao seio da família, nós, seus filhos, crianças ainda, para falar-nos de Jesus Cristo Crucificado, com tanta inspiração, concentração e paixão que nos comovia até as lágrimas.

Essa recordação acompanhou-me durante muitos anos, e quando a evocava nos momentos críticos do seminário, infundia-me uma coragem insuperável.

* * *

Nos anos de Teologia tampouco fui um aluno brilhante; e desta vez por outro motivo. Explico.

Nas últimas latitudes de meu ser sempre palpitou algo que eu chamo "veia mística". Trata-se – digamos assim – de uma predisposição congênita de personalidade, herdada provavelmente de meu pai, pela qual sempre está ardendo dentro de mim uma brasa que frequentemente se transforma em chama viva.

É a sede de Deus que nunca me deixa em paz, como uma sarça que sempre arde e nunca se consome. Uma sede tão misteriosa que, quanto mais se sacia, mais insaciável se torna.

Por tudo isso, sempre alimentei dentro de mim, naqueles anos juvenis, um anseio premente de chegar ao estudo da Teologia, para poder navegar, a velas soltas, pelos mares de Deus.

Porém, não aconteceu o que havia sonhado. Na medida em que avançavam as aulas de Teologia, lentamente começou a dominar-me, primeiro a dúvida, mais tarde a perplexidade e, finalmente, a desilusão, aberta e flagrante. Não era aquilo o que eu procurava.

* * *

Aquela Teologia não me dizia nada. Era a Teologia escolástica, ou seja, a redução do Deus vivo e verdadeiro a alguns esquemas mentais, categorias aristotélicas e uma porção de abstrações e especulações. O Deus emergente daqueles silogismos lógicos não queimava, não refrescava, não estremecia. Não era o Deus vivo.

Lembro um dia em que eu disse ao professor: "Parece que estamos convertendo Deus em uma porção de palavras, alinhavadas por uma lógica interna". E ele respondeu: "Seja humilde e peça o espírito da sabedoria".

Naqueles dias tive uma evidência que me acompanharia durante toda a vida: que uma coisa é a *palavra* Deus e outra coisa é o *próprio* Deus; pois ninguém se embriaga com a palavra vinho nem se queima com a palavra fogo.

Todos temos na mente a ideia de que o fogo queima, porém outra coisa é colocar a mão no fogo e saber experimentalmente que ele queima. Todos sabemos que a água sacia a sede, mas outra coisa é beber um copo de água fresca em uma tarde de verão e assim saber vivencialmente que ela sacia a sede. Desde os dias da primeira comunhão sabemos que Deus é Pai, mas outra coisa é comover-se até as lágrimas ao sentir, numa calma concentrada, a proximidade arrebatadoramente deliciosa e infinitamente consoladora desse Deus que não há maneira de defini-lo nem nomeá-lo.

Essas evidências e distinções nasceram em mim naquela época distante na qual eu experimentava os primeiros baques do desengano a respeito da Teologia especulativa. Para que serve um Deus reduzido a meros esquemas mentais e jogos de palavras? Deus não é uma ideia ou uma teoria; é Alguém que não tem nome, ou seja, absolutamente inefável, a quem só se conhece no trato pessoal e na noite da fé.

* * *

Como aquela Teologia nada me dizia, e embrenhar-me nas teses escolásticas me dava tédio, por longos períodos dediquei-me a outra coisa: conseguia – neste momento não poderia precisar como – obras de autores que me faziam vibrar e mergulhava em seus textos com deleite e proveito. Eram autores humanistas, filósofos existencialistas, poetas e pensadores, como Kierkegaard, Dostoievski, Paul Claudel, León Bloy, Unamuno, Ortega y Gasset, Gregorio Marahon, Antônio Machado e outros similares. Realizava essas leituras – penso hoje – de maneira um tanto clandestina, porque, como o leitor pode imaginar, os responsáveis pelas escolas de Teologia não aprovariam semelhante procedimento.

Como se pode concluir, não fui um bom estudante.

Esse fato, que, à primeira vista, pode parecer negativo, a esta altura da vida em que me encontro, considero-o positivo e talvez providencial.

Conforme o testemunho de muitos leitores, existe em minha obra, falada ou escrita, uma marca humanista e poética.

Estar familiarizado com esses autores facilitou-me enormemente a possibilidade de expressar com eficiência sentimentos e vivências interiores em meus dez livros.

Pode ser que não seja totalmente verdade, mas inúmeras pessoas me garantiram que, em sua opinião, minha linguagem falada ou escrita não é a linguagem tipicamente clerical, mas algo diferente e mais eficiente. Se assim for, imagino que se deve ao fato de ter-me impregnado tanto na leitura daqueles autores humanistas em minha época de estudante de Teologia.

NOITES TRANSFIGURADAS

Mais tarde veremos de que maneira esta deficiência de Teologia racional foi compensada em épocas posteriores com uma imersão de forte inspiração nas profundidades divinas.

Porém, ainda nos anos de minha juventude, minha alma foi cativada para sempre pelos poços sem fundo da Teologia paulina, em cujas correntes subterrâneas – nunca vou esquecer – reluzia sedutoramente a efígie viva de Cristo bendito, a cujo resplendor os enigmas, as sombras, os sonhos, o vazio e o horror, tudo se vestia de claridade. Era a aurora boreal.

Naquela época era costume na Ordem Capuchinha levantar à meia-noite para a reza das matinas e das laudes. Um costume ancestral, nascido nos séculos pretéritos e transmitido de geração em geração. Era um dos costumes monásticos mais mortificantes para mim. Dizem as ciências do homem que as primeiras horas do sono são as de maior profundidade e descanso. Pois era nessas horas que nos acordavam: à meia-noite em ponto, ao som de sonoras badaladas.

* * *

Porém, ao regressar à cela, acontecia o melhor. O que vou revelar não acontecia todas as noites, mas com alguma frequência e nas noites de verão. Estávamos na cidade de Pamplona (Navarra), extramuros. Eu me aproximava da pequena janela conventual que dava para o rio Arga, cujos arvoredos ribeirinhos estavam povoados de rouxinóis.

Não existe prazer maior do que escutar os rouxinóis em uma noite profunda de verão.

A cena, de qualquer maneira, era com Jesus. Impossível descrevê-la. Tudo era quietude, uma quietude trespassada de silêncio; no alto, incontáveis estrelas sobre um fundo escuro, e por todos os lados flautas e oboés de rouxinóis. Dos mais remotos sonhos do mundo surgia e vinha alguém: Jesus. Com a mão estendida, impunha a calma sobre os remos cansados, as paixões agitadas e os sonhos impossíveis. E, com ele, tudo era repouso e certeza no porto terminal.

Estávamos, nós dois, acima das palavras. Ele era o Único na noite estrelada, o ideal eterno da alma profunda da humanidade. Só sei que ele estava comigo, que me cobria com seu resplendor, e não havia no caminho lamentos, grilhões nem lutos. Seria a eternidade? Só sei que era irresistivelmente atraído e tomado por ele. Era Jesus que, em seu infinito poder e misericórdia, se derramava sobre os mil mundos de minha inferioridade. Noites venturosas. Não tiveram todas esse mesmo poder e esplendor, é claro. Mas posso dizer que houve noites memoráveis.

* * *

Havia ocasiões em que aquilo se prolongava noite adentro, e em algumas oportunidades era impossível dormir logo após essas vivências. Mais de uma vez, o sono, com seu cabecear característico, me visitava durante as aulas da manhã. Disfarçava como podia, escondendo-me algumas vezes atrás do aluno sentado à minha frente; outras, lavava energicamente o rosto com água fria antes de entrar na sala.

Ao que parece, nenhum professor me surpreendeu nesses cochilos, pelo menos ninguém me repreendeu por isso. E se o tivessem feito, eu teria recorrido a alguma piedosa mentirinha, porque essas noites transfiguradas ficaram guardadas num cofre de silêncio até este exato momento.

Não sei por que a *Direção Espiritual* nunca me atraiu. Jamais recorri a um ser humano para depositar em suas mãos meus segredos com Deus. Durante toda a minha vida fui um empedernido solitário; e do meu íntimo ninguém nunca soube nada. Erro? Pode ser. Porém, nunca senti necessidade de socorrer-me com alguém, fora um ou outro momento excepcional. Autossuficiência? Não sei; sempre fui tímido (tímido e ousado ao mesmo tempo) em todos os empreendimentos e contingências da vida. Contudo, também tive e tenho tanta segurança no poder inesgotável e nos dons inigualáveis e múltiplos de meu Senhor, que simplesmente me deixei levar por Suas Mãos como um menino confiante.

SACERDÓCIO

Duas forças inebriaram a minha juventude: a amizade divina e a música. Elas viriam a ser também minhas companheiras de estrada ao longo da vida. Por aquele tempo, eu era diretor do coro de estudantes teólogos. Poder dirigir uma partitura colocava em pé todas as minhas potencialidades, e minhas cordas entravam em vibração. Porém, faltava-me paciência. Era exigente demais com os integrantes do coro, e quando não conseguia o que considerava a altura ideal, perdia as estribeiras. No entanto, quando conseguia aquela sonhada equação entre a minha inspiração interior e a resposta do coro, experimentava algo difícil de explicar.

Outras vezes sentava ao piano. Sozinho. E dava rédeas largas ao improviso entre acordes surpreendentes e estranhos. Tudo era evocação: voava, navegava, sulcava os espaços siderais, além das galáxias. Eram outros mundos. Entendo que, em boa filosofia, isso é chamado de *êxtase* ou *sair de si*. Na verdade, era uma transposição, um situar-se acima deste mundo e de sua realidade. Esses momentos constituíam um prazer altíssimo.

* * *

Houve vacilações em minha vocação? Meses antes da ordenação sacerdotal fui descendo pelos abismos do mistério sacerdotal, que constituía, conforme me parecia, o compromisso máximo que um crente pode contrair com Jesus Cristo. Naquela época, o ideal sacerdotal era para mim como uma espada cintilante cravada no mais alto da montanha. Talvez alto demais.

Por aí penetrou a dúvida, uma e outra vez, a dúvida da fidelidade. Não é que vacilasse em ficar mais além ou mais aquém da linha: ordenar-me ou não me ordenar. Nunca sofri do complexo de Hamlet. A dúvida era se haveria em mim suficiente caudal de generosidade para manter-me à altura do ideal sonhado. Era o medo da mediocridade, o temor de ser alcançado pela rotina e converter-me num simples funcionário das coisas sagradas, sem garra, sem o estigma de uma testemunha, sem a inspiração de um profeta. Eram essas as dúvidas que, em algumas ocasiões, me faziam cambalear.

À medida que se aproximava a data da ordenação, essas nuvens iam dissipando-se. Recordo que algumas semanas antes do dia da ordenação, uma louca vontade inflava as velas da minha nau; e a nau avançava velozmente entre a espuma dos sonhos pelo vasto e profundo mar do futuro sacerdócio. Esta foi uma das constantes da minha vida: viver os grandes acontecimentos com mais emoção de antemão do que depois de acontecidos.

* * *

Chegou a semana prévia. Não havia aulas para os ordenados; só retiro total. Foram dias de embriaguez. Eu mergulhava incansavelmente nos mares paulinos, completamente deslumbrado pela efígie daquele Jesus que palpitava em suas profundezas.

Sobretudo, sonhava com os pobres. Naqueles dias eu andava fortemente sensibilizado por um sacerdócio dedicado à justiça social, à redenção do proletariado e à doutrina social da Igreja. Diante dos olhos de minha alma desfilavam naqueles dias os emigrantes, os navegantes, os operários, os sindicatos, os camponeses, os mendigos, os desempregados. Sonhava, desejava apaixonadamente que meu sacerdócio fosse prioritariamente para os favoritos de Jesus, os pobres. Na realidade, esse sonho nunca me abandonou.

Chegou o dia da ordenação: 21 de dezembro de 1952. A cerimônia transcorreu para mim em total concentração, cercado por meus familiares. Em seguida veio toda a parafernália de beija-mãos, homenagens, festas, preparativos para a primeira missa...

Será que o leitor acreditará se eu disser que foi um dia frustrante? E não apenas esse dia, mas também os subsequentes. Senti um dos piores vazios da minha vida: distraído, dispersivo, vazio. Era uma oportunidade única na vida e gostaria de tê-la vivido a plenos pulmões, solitariamente, num penhasco inacessível, na choupana mais perdida nas profundezas da floresta ou no deserto onde não cresce sequer um arbusto.

Em suma, desejava ardentemente poder desfrutar esse dia, e esses dias, embebido e absorto no enorme mistério do sacerdócio que me fora outorgado, em cujo epicentro Jesus respirava.

Porém, não aconteceu assim. A oportunidade já passou. E não voltará.

OS PRIMEIROS VOOS

Após seis meses da unção sacerdotal, completaram-se meus estudos teológicos. Porém, durante esse semestre, conforme era o costume, os neossacerdotes não se exercitavam em nenhuma atividade sacerdotal propriamente dita.

Nessa etapa final dos estudos eu me sentia como uma dessas avezinhas impacientes em pular do ninho. Era um sonhador. Sentia premência, porém não sabia exatamente do que..., tinha urgência em realizar ações difíceis, heroicas, como Francisco Xavier no Oriente, queria percorrer praças e mercados para gritar as boas-novas, deixando por aí pedacinhos da alma, queria levantar bem alto o estandarte da justiça, aplacar o pranto, secar lágrimas, evangelizar os pobres.

Porém, vã ilusão!, não aconteceu nada disso; eram sonhos de um jovem inquieto. Mais tarde a vida e os anos me ensinariam tantas coisas: que não é preciso forçar nada, que não somos nós que salvamos, que é preciso esperar as portas irem se abrindo..., em suma, os grandes valores da vida – a paciência, a firmeza, a fidelidade. Porém, naquele momento eu tinha 25 anos; e se toda a minha vida tem sido marcada pela impaciência, que dirá nessa idade em que me consumia de urgências.

O fato é que o vento se encarregou de ventilar aqueles sonhos, e minha vida começou a tomar os rumos mais inesperados. Agora, do alto das sete décadas, estou em condições de afirmar com convicção e maturidade algo que o passar dos anos me foi ensinando, a saber: tal como as coisas vêm acontecendo, "foi o melhor". Por conseguinte, e lançando um olhar global e retrospectivo para minha história pessoal, posso afirmar que, apesar de quase tudo que realizei em minha vida ao longo de todos esses anos ter sido, de certo modo, contra a minha vontade ou minhas preferências, estou entretanto em condições de afirmar solenemente: tudo o que aconteceu "foi o melhor" para mim. O Pai Deus sempre me conduziu por caminhos imprevisíveis e desconcertantes.

* * *

Para cada um dos sacerdotes que haviam completado os estudos, as autoridades da Ordem Capuchinha à qual pertencíamos apontavam um destino a essa altura do ano. Alguns realizariam estudos superiores em alguma universidade, outros emigrariam para terras de missão, outros deveriam ocupar vários cargos nas diferentes casas da ordem. Não é difícil entender que eram momentos de alto nervosismo para todos nós, porque cada um trazia cravado um espinho: qual será o meu destino? Por outro lado, os Superiores mantinham essa distribuição de destinos em grande sigilo e discrição, mais um motivo para o nervosismo.

Meu caso era um tanto atípico. Por um lado, como eu não fora um bom estudante, a universidade estava descartada para mim. Por outro, em contraposição, nos meus últimos anos de estudante manifestara – e era algo notório – uma grande paixão pela problemática social e pela libertação dos oprimidos. Chegou aos meus ouvidos o boato de que os Superiores estavam considerando a possibilidade de me enviar para a Universidade de Louvain, para me especializar na Doutrina Social da Igreja. Era apenas um boato.

Assim estavam as coisas quando, de repente, surgiu uma vaga de organista na Igreja de Nossa Senhora de Lourdes, em San Sebastián, um templo muito frequentado pelos paroquianos. O organista titular falecera inesperadamente, e os Superiores pensaram em mim, porque eu tinha adquirido certo prestígio como organista.

Poucos dias depois, não sem alguma desilusão, lá fui eu para o novo e inesperado destino, onde permaneceria dois anos ligado ao teclado do órgão. E, depois, mais quatro anos, também como organista, na Igreja de Santo Antônio, em Pamplona.

É muito fácil dizer: seis anos! Para mim, um jovem impaciente, era muito tempo, tempo demais. Anos perdidos, eu pensava. Era-me difícil escapar da sensação de esterilidade e de estar lamentavelmente malbaratando o tempo. A impaciência me consumia. Meus sonhos apostólicos decepados. Não podia conformar-me.

No entanto, a esta altura da vida em que hoje me encontro, contemplo aquele sexênio aparentemente baldio de uma maneira bem diferente. Hoje me acompanham tantas certezas: de que nada sabemos, de que muitas vezes contemplamos a realidade com o nariz grudado na parede; e a parede se chama tempo, e não sabemos o que há por trás dessa parede. De que temos dois horizontes hermeticamente enclausurados: o primeiro é não saber o que acontecerá na tarde de hoje, e o segundo é não saber como teria sido nossa vida se as coisas tivessem acontecido de outra forma; por exemplo, que direção teria tomado minha vida se tivesse sido destinado a estudar Sociologia. Quem poderia imaginar naquela época os rumos insuspeitados que tomaria a minha existência? Não sabemos nada.

Vontade de Deus? Para sabê-lo é preciso deixar passar muito tempo, olhar para trás a partir da perspectiva dos anos transcorridos; e dessa altura contemplaremos uma ziguezagueante, porém admirável pedagogia pela qual Sua Vontade nos tem conduzido sabiamente até este momento. E com toda a naturalidade acabaremos concluindo: está tudo bem, foi melhor assim.

UM RELÂMPAGO NA NOITE

O superior da minha comunidade, consciente e compadecido do meu desencanto interior, permitia-me, ocasionalmente, algumas saídas apostólicas para tarefas menores nas cidades de Navarra.

Geralmente, a tarefa consistia em confessar as pessoas durante um espaço de várias horas, no sábado à tarde, e, no dia seguinte, domingo, oficiar uma missa na metade da manhã, com pregação. Essas saídas constituíam um gratificante refresco para meus anseios insatisfeitos de sair pelo mundo espalhando aos quatro ventos o nome do Senhor. Nessas ocasiões saía feliz e regressava com aquela satisfação com que os 72 discípulos retornaram de sua primeira saída apostólica.

* * *

Nos arquivos de nossa vida, algumas datas estão marcadas com tinta vermelha. São dados que nunca serão cobertos pelo pó do esquecimento, porque já entraram para sempre na morada da recordação. São feridas que nunca cicatrizarão; pelo contrário, sempre se respira por elas, e se respira bálsamo e perfume. São lampejos que fulguram uma única vez na vida, porém se convertem em cartas de navegação para a travessia do mar da existência.

Uma vez resplandeceu diante dos olhos de minha alma esse lampejo. Vou tentar aprofundar-me no capítulo mais enigmático de minha história pessoal, na tentativa de explicar o inexplicável.

Estávamos no mês de junho de 1957, nos festejos do Sagrado Coração de Jesus. Um mês antes da solenidade, o

Superior da casa me encarregou de pregar nesse dia numa pequena cidade de Navarra. Meu coração dançou de alegria. Não poderia ter recebido notícia mais prazerosa: falar sobre o amor de Jesus.

Na semana anterior aos festejos, no entanto surgiram à minha volta, e comigo, algumas desinteligências dentro da comunidade. Sempre acontece a mesma coisa: quando não existem grandes problemas, magnificam-se e dramatizam-se os pequenos. Chegada a data e a hora marcadas, peguei o ônibus em Pamplona e me desloquei até Sangüesa. Lá peguei outro transporte que me levaria a uma cidadezinha chamada Gallipienzo, onde deveria trabalhar. Durante a viagem, minha alma era como um tendal de sol e sombra: de um lado a alegria de participar e atuar na solene festividade; de outro, as nuvens escuras dos desgostos ainda presos aos meus horizontes. Ainda não aprendera a afugentá-los.

Na tarde do sábado dediquei longas horas ao confessionário. Lembro que falava a cada um dos penitentes, com paixão e fogo, das entranhas da misericórdia e do amor incondicional de Cristo Jesus.

Chegou a noite. Deitei-me. Não conseguia dormir; não se dissipavam as nuvens escuras de minha alma. Levantei-me, aproximei-me da janela para tomar ar e contemplar as estrelas. Não lembro bem se ainda estava remoendo os meus desgostos ou se tentava rezar, o fato é que, repentinamente, algo aconteceu. E aqui chegamos ao momento crucial de ter de explicar o inexplicável.

Passaram-se quarenta anos daquela noite, porém todos os seus detalhes estão ainda tão vivos e presentes em minha memória como se houvessem ocorrido nesta mesma noite. Porém, estou convencido de que nem então, nem hoje, nem nunca será possível reduzir o que aconteceu a palavras exatas. Apenas a linguagem figurada poderia evocar, pressentir ou vislumbrar um pouco do que ali aconteceu. Peço, pois, desculpas por ter de balbuciar alguma aproximação com uma linguagem alegórica.

* * *

O que foi? Um deslumbramento. Um deslumbramento que abarcou e iluminou o universo sem limites de minha alma. Eram vastos oceanos plenos de vida e movimento. Uma inundação de ternura. Uma maré irresistível de afeto que arrasta, cativa, agita e amolda como faz a correnteza sonora com as pedras do rio.

O que foi? Talvez uma única palavra poderia sintetizar "aquilo": *amor*. O *amor* que assalta, invade, inunda, envolve, compenetra, embriaga e enlouquece. O filho (prefiro falar na terceira pessoa) ficou arrebatado como se dez mil braços o envolvessem, o abraçassem, o apertassem; como se um súbito maremoto invadisse as praias; como se uma enchente de água inundasse os campos. A noite e o mundo submergiram, as estrelas desapareceram. Tudo ficou paralisado. Loucura de amor. Silêncio.

Jesus tinha razão: não é Deus. Nem mesmo é o Pai. É o Papai muito querido, talvez a Mamãe muito amada. Durante toda a noite eu não disse nada. Somente lágrimas, lágrimas inebriadas, lágrimas cativadas, lágrimas apaixonadas. Tampouco ele disse qualquer palavra. Inclusive para mim as palavras, naquela noite, não eram mais do que sons ridículos.

A consciência não foi anulada, mas inundada. Meu estado consciente foi arrasado e arrastado pela preamar do amor submergindo tudo num estado de total embriaguez. Não cabe alternativa senão a de render-se, entregar-se e chorar sem saber o que dizer e o que fazer. É a posse total na qual os desejos e as palavras silenciaram para sempre.

* * *

Façamos uma comparação. Vamos supor que estamos numa noite muito escura. De repente estoura um relâmpago, e oh! prodígio!, tudo se ilumina com a claridade do meio-dia. Num instante, novamente a escuridão. Porém, agora, no meio dessa densa escuridão, já sabemos como é a paisagem que, com seus infinitos tons e perfis, ficou gravada na retina e na memória ao fulgor de um relâmpago. Esta pode ser uma comparação aproximada para entrever um pouco do que aconteceu naquele momento.

Quanto tempo durou o "relâmpago" daquela noite? Mil vezes pensei nisso, mas francamente não sei. Pode ter sido um segundo, cinco segundos (não mais do que isso, calculo), porém os infinitos matizes que essa fulgurante vivência continha ficaram gravados em minha alma.

Trago também gravados em minhas entranhas outros vislumbres experimentados naquela noite que parecem mais desconcertantes ainda e fazem referência à percepção do tempo e do espaço. Continuemos balbuciando. O filho percebeu um vislumbre experimental da unidade que coordena os instantes sucessivos que formam a cadeia do tempo, e essa percepção o fez participar de alguma forma e em algum grau da intemporalidade do Eterno. Os filósofos definem o tempo como movimento das coisas. Naquela noite não houve movimento. O Pai era quietude, porém em suas profundezas possuía um dinamismo tal que, como um universo em expansão, trazia à luz esta colossal fábrica da criação. O tempo foi consumado pela eternidade. Estamos, pois, navegando acima dos períodos glaciares e idades geológicas e participando de alguma forma da eternidade do Pai. A morte não significa nada; não é término, nenhum final. Não existe lugar para a angústia. É uma felicidade inextinguível.

Desaparece também o espaço. O Pai preenche tudo. Se preenche tudo, não existe o espaço. As distâncias foram assumidas e absorvidas. O Pai é a imensidão. Então, se o Pai é comigo e eu sou com o Pai, também eu sou filho da imensidão. Os sonhados e distantes países estão ao alcance da minha mão. As galáxias mais remotas são o meu território. Naquela noite – é uma das lembranças mais vivas –, percebi experimentalmente que o espaço desaparecia e eu me sentia presente naquelas estrelas em uma unidade absoluta com toda a criação. De nada valem nossos conceitos de diferença, relatividade, distância. O ser humano é assumido e elevado à sua máxima potencialidade, quase a dimensões infinitas, tudo *nele*.

Tudo isso, e mil outros vislumbres, impossíveis de decifrar, podem parecer um exagero ou uma alienação. É óbvio que tudo o que foi dito vai, de certa forma, contra os pressupostos gerais da Antropologia. Porém, a verdade é que assim foi vivido, isso foi experimentado.

* * *

Ainda que o *relâmpago* durasse bem pouco tempo, seus efeitos, em sua máxima intensidade, prolongaram-se durante toda a noite e muito mais além. Teria desejado que a noite se eternizasse e nunca amanhecesse. Obviamente foi impossível conciliar o sono, apesar de tê-lo tentado.

Amanheceu e iniciou-se o trabalho da manhã. Em nenhum momento senti sono ou cansaço. Chegou a missa solene e a hora da pregação. E pensar que devia falar do amor do Senhor depois daquela louca noite de amor... Porém, tinha medo, medo de explodir em pranto. Falei-lhes friamente de uma história: de como a Companhia de Jesus introduziu na Igreja e difundiu pelo mundo inteiro a devoção ao Sagrado Coração. É para rir, não é mesmo? Como é desconcertante nosso Deus.

* * *

Com o passar dos anos soube que a vivência daquela noite tem um nome próprio: *graça infusa extraordinária*, que tem as seguintes características: 1. É *repentina*; 2. É *desproporcional* em relação à preparação que a alma tinha (na realidade não tinha nenhuma preparação); 3. É *infusa* ou invasora – explico: trata-se de uma evidência empírica de que "aquilo" não vem de dentro, não é um produto emanado de misteriosas faculdades psicológicas em combinações desconhecidas, mas sim que – é percebido experimentalmente – vem de fora, invadindo, infundindo-se; é uma experiência infusa do amor de Deus; 4. É muito *viva*, e geralmente se dá uma única vez na vida, porém, é tão explosiva que seus efeitos se prolongam ao longo da vida.

Posteriormente, nos encontros, jornadas e, em geral, no convívio pessoal com todo o tipo de pessoas, encontrei-me com inúmeros casos desse tipo de experiências infusas com idênticas características, apesar de cada pessoa tê-las vivido em graus e matizes diferentes.

* * *

A partir dessa noite tudo mudou, e para sempre. Foi um torvelinho que alterou a bússola de minha história em 180 graus. Mudou o interlocutor da minha oração pessoal, que, daí em diante, seria o Pai ou Deus-Amor. Houve também uma alteração notável nos hábitos de comunicação da oração: mais *passividade*, menos palavras, muita unção, um acolher e sentir-se acolhido, exercício permanente de abandono... E, como consequência, mais paciência durante o dia, maior fortaleza e, sobretudo, uma paz, ao que parece, inalterável.

No convívio com os irmãos brotou subitamente em meu íntimo uma imensa compaixão e misericórdia. Perdoar não era difícil. Melhor dizendo, perdoar era como envolver o irmão frágil num manto de benevolência gratuita, acolhendo-o com o olhar do Pai. Tudo era muito fácil e até gratificante...

Alguns anos mais tarde participei intensamente das missões populares, cujos temas fundamentais, conforme o estilo daquela época, eram o pecado, a morte, o juízo, o inferno; procurava-se manter as pessoas paralisadas de pavor e afastadas do pecado.

A partir daquela noite, esses temas me pareciam inconcebíveis e até detestáveis, ainda mais por serem apresentados em nome do Evangelho. Não eram boas-novas, eram más notícias. Aquela religião me parecia sombria e traumatizante, e pregar esses temas de pavor era para mim visceralmente insuportável. Lembro que, anos depois, lá nas cidades do Chile, por ocasião das missões populares, eu enfatizava absolutamente o amor eterno do Pai com grande espanto dos colegas de equipe; e reduzia todo o programa da reforma de vida a *responder ao amor com amor.*

Transcorridos aproximadamente quinze anos daquela noite inebriante, ou seja, aos meus 45 anos mais ou menos (naquele momento tinha 29 anos), seria iniciada – permito-me falar assim – minha obra fundamental: livros, encontros, Oficinas de Oração e Vida, jornadas em massa, audiocassetes, vídeos, atuações em canais de televisão.

Posso afirmar que as linhas volumosas e vitais dessa obra complexa e múltipla emanaram da experiência daquela noite venturosa, como, por exemplo: a mensagem inesgotável do amor eterno e gratuito do Pai; o abandono, como viga mestra de libertação interior e vivência da fé pura; ausência de um dogmatismo rígido e moralista; libertação de obsessões de culpa e outros complexos; princípio absoluto de nossa mensagem: "Esta é a vontade de Deus: que sejam felizes"; primeiro mandamento: deixar-se amar por Deus, porque somente os amados amam; abertura ecumênica; insistência sobre valores como compaixão, misericórdia, solidariedade...

Este mosaico de cores, acentos e forças de sustentação que constituem a coluna vertebral de nossa mensagem e de nossa obra deriva e provém daquela noite gloriosa em que as ondas do amor me invadiram para sempre.

A TRAVESSIA DO OCEANO

Regressei ao convento. Durante a viagem de retorno, no ônibus, tudo continuou igual, a não ser as lágrimas que segurei obstinadamente. De horizonte em horizonte meus vales estavam contagiados por um único sentimento: a gratidão.

Nem uma única vez, no entanto, acredito ter pronunciado a palavra "obrigado". O agradecimento era um sentimento mudo, ensimesmado, quebrado pela emoção que me inundava como uma maré, enquanto o ônibus avançava em meio aos campos de trigo, um mar de trigais de ouro, que espetáculo!

Em nenhum momento apareceu em minha alma o sentimento de menosprezo, como o daqueles que costumam dizer: "Eu não merecia isto; como, meu Deus, pôde dignar-se a outorgar semelhante graça a um miserável pecador?". Nada disso. Simplesmente me sentia abatido, assombrado, quase esmagado pelo peso infinito de sua ternura, por esse forno incandescente de gratidão, meu Pai, por suas ocorrências, escarpas de ouro, seus abismos de amor... melhor calar-me.

* * *

Cheguei ao convento. Assumi o controle absoluto de minhas emoções e ninguém percebeu nada especial. Perguntavam-me com naturalidade; respondia com naturalidade. Mais uma vez, não abri a ninguém as portas da minha intimidade, uma intimidade em que acabavam de explodir prodígios de graça. Como sempre, ninguém soube de nada; tudo ficou guardado cuidadosamente em meus arquivos secretos. Só desabafava no órgão com meus costumeiros improvisos nos quais vertia modulações impressionistas que evocavam de alguma maneira aqueles momentos inefáveis.

Passavam-se os dias, e eu continuava ainda envolto por aquela inundação. Sabia que aquele estado emocional cedo ou tarde acabaria desaparecendo. Enquanto isso, não queria desperdiçar a oportunidade e queria sugar avidamente até a última gota daquele mar de ternura. Assim, pois, em meu solitário quarto conventual, deixava de lado outras preocupações, e passava uma boa parte do dia e da noite entregue à santa embriaguez, porque sabia que *aquilo* passa e não se repete.

Com efeito, à medida que os meses foram se passando, o estado emocional foi diminuindo até baixar aos níveis normais. Porém, a passagem daquele furacão de amor por meu território deixara em minha alma rastros indeléveis que permanecem vigentes até o presente momento, e, sem dúvida, permanecerão até o fim dos meus dias.

* * *

Passaram-se seis ou sete meses. Minha maneira de rezar mudara substancialmente; mudara também minha maneira de ver e de sentir o mundo, as pessoas, os acontecimentos. Porém, nos meses que se seguiram fui entrando paulatinamente num estado interior de ansiedade e urgência. Do que se tratava?

Sentia que agora sim tinha novidades para comunicar ao mundo. Agora podia falar com a autoridade de quem "viu e ouviu". Porém... lá estava eu amarrado ao teclado do órgão que me impedia de sair para o vasto mundo. Procurava os Superiores; manifestava-lhes minha ânsia de ser missionário do Senhor. Sempre respondiam que não tinham substituto, que talvez algum dia... A essa altura começou a dominar-me uma tristeza mortal só de pensar em ter de passar a vida inteira sobre o teclado de um órgão.

Nessa época eu tinha, entre os irmãos, a fama de ser um bom organista; e não era, de jeito nenhum. Nunca fui capaz de tocar corretamente uma grande fuga de Bach ou a tocata de Widor. Porém, enganava as pessoas (elas gostavam do meu jeito de tocar), sobretudo com meus improvisos, que deslumbravam até os entendidos. Em certa ocasião, em San Sebastián, depois de uma daquelas minhas atuações, alguém se apresentou na portaria do convento perguntando, admirado, quem era aquele organista e onde havia estudado. Tratava-se nada menos do que o organista titular da catedral de Notre Dame, de Paris. Porém, eu não havia estudado em parte alguma, e não era um organista profissional. Como nas outras coisas da vida, também no órgão punha paixão e poesia, e isso encantava os irmãos, que não queriam separar-se de mim.

* * *

Porém, de tanto procurar os Superiores, pouco menos do que com lágrimas nos olhos, suplicando-lhes que me concedessem a graça de ser missionário, um bom dia, compadecidos, responderam-me que tivesse paciência porque um dia não muito distante conseguiria o que tanto almejava; enquanto isso, fosse pensando no país para o qual gostaria de ser transferido.

Com muito entusiasmo fui procurando informação sobre as características de cada um dos países onde atuavam nossos missionários. E optei pelo Chile, onde se desenvolvia uma ampla atividade missionária nos meios rurais, porque havia muitas possibilidades de dedicar-se à pregação, pelo caráter de seu povo e também pelas montanhas nevadas que me fascinavam.

Um venturoso dia, os Superiores depositaram em minhas mãos o documento oficial pelo qual eu ficava incardinado à Província Capuchinha do Chile, que, desde então, foi e continua sendo minha família. Celebrou-se em minha alma um festival de dança e canto para festejar tão almejado acontecimento.

No dia 16 de agosto de 1959 embarquei em Barcelona em um grande e velho navio (o *Compte Grande*), e em 1º de setembro pisei pela primeira vez e com entusiasmo o porto de Buenos Aires. Depois de conviver por duas semanas com os irmãos da Argentina e atravessar os Andes, cheguei finalmente ao Chile, como quem alcança a terra prometida, em 18 de setembro de 1959. E então começou a etapa mais decisiva da minha vida.

CAPÍTULO 3

Os sonhos não foram sonhos, e sim realidades sólidas como pedras. Os escarpados cumes dos Andes pareciam testas coroadas de neve. Um espetáculo! A primavera despontava timidamente por todos os lados. As esponjeiras, as primeiras a florescer, já declinavam em seu esplendor.

Sem me conceder um tempo para descanso nem me submeter a um processo de adaptação, aos poucos dias de minha chegada ao Chile já estava mergulhado de cabeça na corrente da vida apostólica. As oportunidades eram muito numerosas, e insistentes as solicitações dos párocos.

Eram outros tempos. No contexto eclesial da época – ainda não se realizara o Concílio – a pregação era muito apreciada, e aqueles que se dedicavam ao ofício da Palavra não davam conta de tantas solicitações.

* * *

As missões populares eram muito peculiares: realizavam-se nas fazendas ou *fundos*. Naturalmente, eram os donos das fazendas que convidavam os padres missionários, e eram também eles que convocavam os camponeses e suas famílias, que trabalhavam em seus campos, para assistir aos atos missionários. Hoje, algo assim seria inconcebível, mas naquela época era muito normal.

De qualquer maneira, eu me sentia muito bem naquele ambiente, em que todos os participantes da missão eram camponeses pobres. Não lhes faltava nada do indispensável, é verdade, porém careciam absolutamente do mínimo meio de autodeterminação: não dispunham de qualquer propriedade, seja de terra ou moradia. Não podiam mexer um dedo porque estavam completamente subordinados ao patrão; sua liberdade era uma ficção, ou melhor, uma imaginação.

Ao ver aquela congregação de assalariados, as ondas da emoção me subiam à garganta. Nesses momentos evocava a silhueta de Jesus dirigindo-se àqueles auditórios de pescadores e camponeses declarando-os favoritos do Pai e privilegiados do Reino. Instalando-me também eu no coração do Mestre, e falando-lhes dessa plataforma, reiterava-lhes de mil maneiras e formas que os desvelos mais esmerados do Pai eram para eles; que de noite o Pai fica velando-lhes o sono e de dia acompanha-os onde quer que estejam; que o Pai não é um Deus vestido de relâmpagos, mas um vasto mar de ternura.

Consciente e obstinadamente me afastava dos temas de pavor das missões populares, com grande espanto de meu companheiro missionário. Sempre vinculava as bem-aventuranças com a ternura do Pai e não me cansava de proclamar e repetir-lhes que o próprio Deus seria sua festa; que ninguém poderia arrebatar-lhes a suprema riqueza do coração, que é a paz; que o Pai os colocará sobre os joelhos, e uma a uma secará todas as suas lágrimas; que o Pai está esperando-os em sua casa com a mesa posta e adornada com flores, e naquele dia os reconhecerá, lhes dará a mão, os fará sentar-se à mesa e dará início à festa, uma festa que não terá fim, e então, finalmente, saberão onde está o segredo da perfeita alegria.

E assim continuava falando-lhes incansavelmente do Amor eterno, e não me cansava de semear sonhos e estrelas na alma de todos aqueles pobres camponeses que, semana após semana, assistiam aos atos da missão, frequentemente com lágrimas nos olhos.

* * *

Era o ano de 1961. A Arquidiocese de Santiago decidiu organizar e realizar uma Grande Missão que abrangesse toda a cidade. O Arcebispo convocou um número reduzido de sacerdotes, com experiência na pastoral ou no apostolado da palavra, com a finalidade de integrar uma equipe coordenadora. A essa equipe o Arcebispo confiou a responsabilidade de planejar a Missão, elaborando um amplo programa para organizar e realizar a Grande Missão.

Um dos convocados era eu. Nesse período de preparação surgiu entre os integrantes da equipe uma linda amizade; éramos mais que uma equipe, constituíamos uma fraternidade. Pela própria dinâmica da organização e pela distribuição das responsabilidades, coube a mim movimentar-me sem parar, viajar muito e atuar intensamente com o Monsenhor Enrique Alvear, com o qual me uniu uma formidável amizade.

Não demorou e Enrique foi consagrado Bispo. Foi um dos Bispos mais evangélicos que conheci em toda a minha vida, desinteressado, fervoroso, transparente, comprometido corajosamente, quase temerariamente, com a libertação dos oprimidos. Porém, ele não era para este mundo; o Senhor levou-o prematuramente. Em sua agonia, esteve acompanhado e assistido por um sacerdote amigo a quem Enrique dirigiu estas palavras: "Isto [o morrer] tem sentido". Expressão carregada de beleza. Foram suas últimas palavras.

Ao longo dos anos conheci também outros três bispos do mesmo valor: Leónidas Proafio (Ríobamba, Equador), com quem não tive oportunidade nem tempo de travar amizade, e outros dois do México e EUA, aos quais me une uma grande amizade. Verdadeiras testemunhas da Ressurreição, esses homens sempre levarão a marca dos sinais de Cristo Jesus: humildes, homens de oração, amigos e defensores dos pobres. Pode haver na Igreja uma massa de medíocres, porém, uns poucos desses homens de Deus conferem garantia e credibilidade à Igreja.

ALTERAÇÃO ATMOSFÉRICA

Eram os anos conciliares. Como descrevê-los? Certamente havia agitação no ambiente: sopravam ares novos, e algumas vezes vinham acompanhados de turbulências. Sintomas de uma nova primavera apareciam por todos os lugares, e um saudável desassossego percorria, como sangue novo, os tecidos internos das instituições eclesiais.

Tempos propícios para os inquietos e sonhadores. Eu era um deles. Um imenso estremecimento de entusiasmo e esperança, não isento de temor pelo desconhecido, palpitava no seio da Igreja universal.

Poderia dizer-se que se aproximava uma nova era, e, como em toda renovação, não poderia deixar de se produzir um abalo de ruína e restauração. Ambiente ideal tanto para os pusilânimes como para os ousados: os angustiados pelo medo da liberdade e o pavor do desconhecido, de um lado, e, de outro, os seduzidos por horizontes novos e cumes arriscados. Conservadores e renovadores. Uns querendo deter a todo custo o carro da história e outros o empurrando impulsivamente para a frente.

* * *

Observando essa explosão primaveril a partir do outono em que agora me encontro, sinto, ainda hoje, uma grande emoção não isenta de nostalgia. Eu fui um dos que tentavam empurrar impetuosamente o carro para a frente.

Promovi e apoiei com determinação a criação de uma *fraternidade da presença*; ou seja, um pequeno grupo de irmãos (capuchinhos) instalados em uma zona suburbana, trabalhando como operários em uma fábrica ou na construção. Haviam renascido dentro de mim os antigos sonhos de apostolado operário; e ainda que eu, pessoalmente, não o pudesse exercer, animava e visitava frequentemente os irmãos, apoiando-os e defendendo-os diante daqueles que se opunham ao projeto, porque nunca faltam aqueles que qualificam qualquer inovação de heresia ou contestação.

Nessa mesma época participei ativamente da *tomada* da Catedral de Santiago, acompanhando o grupo que, nessa ocasião, se chamava *Igreja Jovem*; eles entendiam que a marcha da renovação eclesial era demasiado lenta e exigiam que a Igreja se impusesse com maior velocidade; e, com esse fim, pretendiam dar um forte impulso nessa direção com ações espetaculares.

Alguns anos depois participei também de um encontro do grupo denominado *Sacerdotes para o Terceiro Mundo*, na Argentina. Éramos 130 sacerdotes e dois bispos. Era uma época turbulenta e contestadora. Todavia, eu vibrava nesse ambiente. Parecia-me que essa era a única maneira de o barco de Pedro receber um forte golpe de timão para empreender o rumo correto.

Eu havia decididamente embarcado nesses ideais, e à minha maneira, ou seja, apaixonadamente; e achava que a minha vida tinha de se orientar definitivamente nessa direção. Porém, na curva do caminho, o Pai desconcertante estava me esperando para apontar-me outros rumos completamente inesperados.

TUDO COMEÇA

Foi então que, um belo dia, no sexto ano de minha permanência no Chile, veio falar comigo um franciscano belga, que naquela ocasião ocupava o cargo de coordenador-geral dos irmãos franciscanos no Chile. Fez-me uma ampla exposição de um grande projeto.

Disse-me: "O Concílio se concluiu; mas deixou-nos um enorme acúmulo de compromissos, urgências e desafios. Esses desafios, é verdade, estão dirigidos a toda a Igreja em geral; porém, especificamente a nós, os religiosos, nos incumbiu de uma tarefa que é, a um só tempo, um desafio inapelável: mergulhar nas águas puras da inspiração original, recobrar a consciência da novidade daquela inspiração mediante uma pronta e minuciosa reflexão e retornar aos tempos presentes para adaptar aquela originalidade às mutáveis condições dos tempos".

Continuou dizendo-me: "Existe uma uniformidade letal para todos os institutos religiosos: a observância regular. Entretanto, onde está aquela originalidade, aquela maneira singular de interpretar e viver o Evangelho que cada fundador teve? Em que se diferencia um franciscano de um carmelita a não ser por elementos folclóricos como a cor e o modelo do hábito? E se na Igreja algum dos fundadores teve uma originalidade única em seu radicalismo evangélico, em sua vida pessoal e na concepção de uma obra peculiar, este foi e é Francisco de Assis. Temos a obrigação, mais do que ninguém, de regressar às fontes e refletir detidamente".

E terminou colocando em minhas mãos uma brasa ardente: que eu me responsabilizasse por organizar e dirigir uma grande semana de convivência e reflexão para todos os responsáveis provinciais e locais da família franciscana do Chile, fazendo extensivo o convite a outros países. Era uma porta aberta pelo Pai, e nela entrei com determinação. Não foi fácil levar a cabo o projeto. Primeiro tive de constituir uma equipe. Tivemos de elaborar um temário, confeccionar um organograma, procurar conferencistas, e tudo isso não sem grandes dificuldades.

* * *

E assim, em setembro de 1965, celebrou-se em Santiago a primeira Semana de Convivência Franciscana, com 54 participantes provenientes de toda a América Latina. Era a primeira vez que se realizava um encontro com essas características. Posteriormente eles se multiplicaram profusamente por todas as partes. Foi uma semana linda. Todas as expectativas foram superadas: exposições doutrinais de qualidade, profunda reflexão comunitária, convivência calorosa e transparente. Repetiu-se uma e outra vez. Foi um "verdadeiro Pentecostes".

Todavia, faltava o mais importante. E agora, o que faremos? O que vamos conseguir acendendo um grande fogaréu se não continuarmos alimentando-o? Aquilo que rapidamente se acende, logo se apaga. O que fazer para que esse fogaréu não se extinga?

Depois de longas horas de intercâmbio de impressões, os responsáveis provinciais ali presentes decidiram, com o peso de sua autoridade, criar um organismo permanente que se dedicasse em tempo integral à reflexão, animação e difusão da espiritualidade franciscana. O organismo se chamaria CEFEPAL (Centro de Estudos Franciscanos e Pastorais para a América Latina). Três irmãos integrariam o Centro, dois franciscanos e um capuchinho, os quais residiriam não em um convento, mas em uma residência particular, integrando uma fraternidade.

Três meses depois já estávamos instalados em nosso novo domicílio. A esta altura da minha vida estou em condições de afirmar que, em nível humano, essa passagem foi a mais transcendental da minha vida, como se verá.

* * *

E partimos. Tudo era novo. Precisávamos abrir canais, traçar caminhos, descobrir novas metas. Não poderíamos fazê-lo sem imaginação e audácia. Nos primeiros meses demos rédeas largas à criatividade, jogando-nos de cabeça num torvelinho de iniciativas tanto por escrito quanto pela palavra.

Bem depressa projetamos uma série de Semanas de Convivência Franciscana ao longo da comprida e estreita geografia chilena. Esses projetos foram organizados detalhadamente por nós mesmos, a partir do nosso Centro, e executados em cada lugar com o máximo esmero e competência que nos foi possível, tendo como resultado um despertar, uma tomada de consciência e uma avaliação da nossa comum herança franciscana por parte de todos os irmãos.

Mais tarde organizou-se esse mesmo tipo de encontros também com a família franciscana feminina; nessa oportunidade, separadamente, irmãos e irmãs. Anos após se organizariam conjuntamente, prevalecendo, naturalmente, as irmãs. Como resultado dessa prolongada *evangelização*, com o passar dos anos foi sendo suscitado um grande entusiasmo entre os integrantes de toda a Família Franciscana, que não se reduziu apenas a emoções ou palavras, mas foi se concretizando em projetos precisos, primeiramente no interior das comunidades, e em seguida na projeção apostólica dos irmãos. Uma verdadeira renovação.

Informados dos resultados de nosso trabalho de animação, os irmãos de outros países da América Latina começaram a chamar-nos insistentemente, convidando-nos a realizar o mesmo trabalho naqueles países. E assim foi feito. A expansão de nossa missão foi de tal forma rápida e ampla que, em diversos países, criaram-se centros similares ao nosso, ainda que não com a mesma estrutura.

CRISE

Aqui me esperava o Pai imprevisível. Enquanto a equipe se ocupava em realizar tamanha quantidade de atividades, em minha vida pessoal se desenrolavam os fatos fundamentais da minha história. É um universo complexo, difícil, quase impossível de discernir analiticamente, um mundo misterioso que abrange uns seis anos, de onde, como consequência, emanou toda a minha obra posterior.

Vamos começar estabelecendo uma lei constante.

Ao longo dos anos tenho observado no grande teatro da vida um fenômeno que, à primeira vista, poderia parecer crueldade. Porém, sem demora comprovamos que o que na superfície tem visos de crueldade, em suas entranhas não é senão predileção.

Com efeito, observando atentamente ao meu redor, jamais pude ver um ser humano que nadando em riqueza, saúde ou prestígio tivesse dado o salto mortal no mar de Deus, tivesse se convertido. Nenhum caso. Não sei do que se trata, porém é visível que o bem-estar fecha a pessoa em si mesma, submete-a ao grilhão do egoísmo, conforme aquele instinto primário que se converte em uma das leis universais do coração: procurar o agradável e rejeitar o desagradável. Com o bem-estar o indivíduo tem tudo; não precisa de nada.

Pelo contrário, as transformações vitais, as conversões rotundas que observei em minha vida se efetuaram a partir das quedas e desgraças. Quando o indivíduo é visitado pela tribulação, e sobre sua honra cai o estigma da desonra, quando a doença o encurrala contra as portas da morte, quando um fracasso financeiro ou profissional o obriga a arrastar-se pelo chão com as asas quebradas, e vai rolando de barranco em barranco entre as vaias dos inimigos e o escárnio dos traidores, até, finalmente, cair nas profundezas do precipício... chegou a hora.

Depenado e impotente, a pessoa se transforma em matéria-prima apta e maleável nas mãos de Deus. Agora que todas as seguranças falharam e os pilares de sustentação se transformaram em pó, a única segurança que pode vislumbrar à sua volta é Deus.

A conversão, no entanto, não costuma ser tão imediata. Nas condições descritas, o indivíduo fica envolto em uma nuvem de pó emocional de vergonha, impotência e, quem sabe, de cólera. Deus, em sua pedagogia, deixa-o por um tempo entregue à sua sorte e permite que coma o pó do desastre e experimente o nada.

Passa o tempo. O sujeito mede a altura de sua contingência e a largura de sua precariedade; Deus começa a se fazer presente para ele com uma centelha quase imperceptível. Mais tarde estende-lhe abertamente a mão. O indivíduo agarra-se à sua direita, e lentamente, vacilante, ainda coberto de pó, empreende a ascensão até Deus.

Podemos afirmar, pois, que os descalabros da vida podem ser, e frequentemente são, manifestações de predileção divina, e sua única pedagogia, para as grandes transformações no caminho do espírito.

* * *

Um pouco disso aconteceu na minha própria vida. O Instituto (CEFEPAL) ia de vento em popa, rápido demais talvez, inclusive com alguns sinais de vertigem. Até o momento não haviam aparecido pedras no caminho. Porém, não é esse o estilo do Pai. Avançando por um caminho de palmas e louros, sem nenhuma contradição, podemos converter-nos rapidamente em prisioneiros de nós mesmos. De algum dos lados tinham de aparecer os tropeços e as curvas no caminho, que me fariam transitar durante longos meses por uma vereda em chamas.

O Instituto fora erigido oficialmente pelos responsáveis das sete províncias do país, e entre eles o da minha própria província. Porém, passados alguns meses houve mudança de autoridades precisamente na minha província. E meus problemas começaram com o novo Superior Provincial, que não disfarçava seu desinteresse e até desafeição pelo Instituto. Para entender bem o que aconteceu é preciso levar em consideração o modo peculiar de ser desse religioso (já na glória do Pai): indiscreto, apesar de bem-intencionado, um tanto conflituoso e muito tradicionalista.

Sua agressividade tinha como destinatário o Instituto e a sua equipe, e a mim em particular. Em suas constantes visitas às casas da Província nos qualificou mais de uma vez de contestadores, de não procurarmos outra coisa a não ser a liberdade e a independência; de juridicamente estarmos contra as Constituições da Ordem, já que nos negávamos a viver nos conventos, e nos despojávamos do hábito para levar uma vida mundana, e outras lindezas.

Pois bem, este bom irmão, em uma visita ao mosteiro contemplativo onde eu atuara durante vários anos, respondeu literalmente às irmãs que perguntavam por mim: "Ah, o Padre Inácio... Ele tirou a batina e saiu por aí", o que era uma meia verdade. Pode-se bem imaginar o que devem ter pensado aquelas irmãzinhas.

Quando os responsáveis provinciais se reuniam periodicamente, não deixava de jogar-lhes na cara que haviam cometido o erro jurídico de aprovarem uma fundação integrada por franciscanos e capuchinhos, afirmando que, em lugar de renovação, o Instituto fomentaria o relaxamento, e ele e a maioria dos irmãos não se identificavam de nenhuma maneira com os objetivos do Instituto.

Ainda não conformado com isso, elevou uma queixa oficial à instância mais alta da Ordem, o Definitório Geral, insistindo na irregularidade jurídica da fundação. Inteirados do assunto, tanto os integrantes do Definitório Geral Capuchinho como do Franciscano encolheram os ombros e disseram: vamos esperar e ver o que acontece.

* * *

O fato é que, um ano e meio após a fundação do CEFEPAL, o desprestígio fizera o seu estrago e projetara uma sombra de suspeita sobre o Instituto e o seu trabalho. Os próprios Superiores do Chile não se sentiam tão seguros e já não manifestavam aquele entusiasmo dos primeiros tempos, nem nos apoiavam tão decididamente. Nosso trabalho já não era acolhido pelos irmãos com a alegria do começo. Uma sombra de dúvida pairava sobre o Instituto.

Apesar de essa situação ter desconcertado a todos, a mim coube o impacto mais demolidor, por motivos óbvios.

* * *

Já fazia algum tempo que eu aceitara o compromisso de dirigir semanas de renovação em um dos países latino-americanos. Chegada a ocasião, apesar de ferido, lá me apresentei. Não notei da parte dos irmãos nenhum entusiasmo; mais exatamente mostraram-se frios. O número de assistentes era exíguo, flutuava no ar uma sensação de apreensão geral. No decorrer da semana, um irmão confidenciou-me com o rosto aflito que, um mês antes, passara por lá o famigerado Superior Provincial, fazendo o mesmo trabalho sistemático de descrédito do Instituto e de seus integrantes. Fui tomado pelo desânimo.

Abrindo um parêntese, coisas da vida!, anos depois, quando eu desenvolvia minha atividade evangelizadora através dos Encontros de Experiência de Deus e Jornadas Evangelizadoras, e meus livros eram publicados um atrás do outro, o citado irmão foi meu maior panegirista, o mais entusiasta de meus seguidores. Animou-me e amou-me até morrer, sinal evidente de que aquela perseguição não era mal-intencionada, apenas pedagogia do Pai. Fechado o parêntese.

* * *

Voltei para casa destruído, afundado no poço da amargura. Agora sim, a crise batia fundo. As circunstâncias me haviam posto fora de combate, quase com vontade de invocar a morte. Uma tristeza úmida grudou em minhas paredes como uma hera venenosa. "Ser ou não ser", esse é o problema. O que é melhor: receber sabraços e flechas envenenadas sem oferecer resistência ou contra-atacar com ferro e fogo até demolir torres e aniquilar o opressor? Destruir ou ser destruído! O que é melhor: vegetar dentro de uma estrutura artificial de muros carcomidos ou pular de uma vez no torvelinho da vida ao grito de "lá vou eu"?

Esse foi o fundo do problema: crise de vida, crise de vocação: ficar ou partir. E tudo isso em meio a uma poeirada atroz de confusão; e, como de costume e para minha desgraça, sem abrir a ninguém as portas da minha desventura, solitariamente. Vegetar em uma existência sem beleza nem alegria, que sentido tem? Seria como arrastar pelo páramo a sombra da minha sombra.

* * *

Passei várias semanas nesse estado de ânimo. Um dia, peguei o carro, saí da cidade e me confinei na cordilheira. Seria o primeiro *deserto*. Não tinha nenhum propósito definido. Simplesmente, precisava fugir. Do quê? De quem? De mim mesmo? O que desejava: dormir, evadir-me de tudo? Fuga final? Não sabia.

Deixei o carro num local seguro e confinei-me nas primeiras elevações da cordilheira. Foram três ou quatro horas, no fim das quais percebi um lampejo imperceptível de consolo divino. Não podia continuar daquela maneira. O que fazer? Contra-atacar os que atacavam ou entregar-me? Mas entregar-me a quem? O que poderia significar entregar se aos que me batiam? Não tinha sentido. Deveria haver alguma alternativa para sair daquele círculo de morte? E se me entregasse cegamente em Suas Mãos? Não seria essa a solução?

Ao vislumbrar essa solução, um mínimo sinal de paz assomou-se à minha alma: era pouca coisa, mas para mim, naquele momento, era muito. Regressei para casa animado em repetir a experiência.

* * *

Poucos dias depois, peguei novamente o carro e me desloquei para o mesmo lugar da cordilheira, permanecendo lá por seis horas. Dediquei-me fundamentalmente a uma atividade reflexiva sobre o único ponto que, naquele momento, mais me preocupava, a saber: o que significa entregar-se e que atitudes práticas envolve; por que sentia a intuição de que somente por essa senda voltaria à paz, como voltam as aves vespertinas para dormir em seus ninhos.

Compreendi que, antes de qualquer coisa, necessitava fazer um ato de fé. Tinha de atravessar o bosque das aparências, desgrudar os olhos das causas empíricas, esquecer das estruturas psíquicas e, depois, pegar uma teleobjetiva para olhar por cima dos fenômenos naturais e, por detrás de tudo o que se vê, descobrir o que não se vê: o Pai. Ou seja, seria preciso antes de tudo uma homenagem de fé.

Não é a fatalidade cega que, como um corcel negro, impõe e determina tudo o que acontece ao nosso lado, nem somos folhas de outono à mercê das reações psicológicas ou dos condicionamentos genéticos. Não.

O Pai, o auriga que governa e movimenta com fios invisíveis as leis e as forças da criação, permitiu que raios de boatos e falácias caíssem sobre mim. Não foi castigo, e sim predileção. No imenso planisfério de sua mente que compreende o hoje, o ontem e o amanhã, o Pai havia desenhado para mim uma pedagogia que me conduziria, por uma senda de espinhos e pedras, ao reino da sabedoria e da liberdade. Ele não pode permitir um dano irreparável para o seu filho.

Em resumo, entregar-se implicava colocar em Suas Mãos um cheque em branco, um voto de confiança, e proclamar aos quatro ventos: Está tudo bem! Foi melhor assim!

* * *

Todavia, não era suficiente. Apesar dessas evidências, meu mundo emocional continuava despedaçado a unhadas, e as claridades mentais não me traziam nenhum alívio. Precisava abordar, pelo menos analiticamente, esse universo cicatrizado a dentadas, situação dolorosa que alcançava níveis muito profundos. A essa altura eu não sabia nada sobre o Abandono.

Apesar de todas as claridades teóricas, a verdade é que quando me vinham à mente lembranças dolorosas, não podia evitar uma explosão interior de indignação. Como apagar esse fogo? Os fatos já estavam consumados e, naquele momento, ninguém poderia fazer nada para que o que aconteceu não houvesse acontecido. Por outro lado, já renunciara ao contra-ataque, devolver o mal pelo mal. Já vira teoricamente que a solução estava em entregar-me. Porém, falando vitalmente, o que era preciso fazer para entregar-se?

Comecei a intuir que o problema pudesse ser a mente. Estava percebendo que, quando a minha mente começava a lembrar algumas daquelas cenas de perseguição, meu coração se inflamava de cólera.

* * *

Conscientizei-me de que sempre que a minha mente remoía e revivia aquelas perseguições mantinha-se vivo e alto o fogo da irritação, que, por sua vez, se convertia em rancor, que, no final, apenas a mim queimava.

Parecia, então, que a solução consistia em reduzir minha mente ao silêncio. Deveria haver uma homenagem de silêncio. Simbolicamente falando, precisaria reclinar a cabeça em Suas Mãos com a mente silenciada e o coração apagado.

Necessitava levar o problema para o terreno emocional porque estava manejando um material emocional de alta sensibilidade. Precisava aniquilar os brotos da rebeldia e do orgulho; mas como? Transformar a dor em amor, mas de que maneira? Ao que parecia, a solução estava em entrelaçar as mãos da fé e do amor.

* * *

Meu Pai, que é um vasto oceano de amor, do qual eu já provara, e como!, tudo o que permitir em minha vida será para o meu bem, porque me ama. De modo que qualquer eventualidade, drama ou desenlace que me aconteça não poderá ser uma desgraça, mas uma demonstração de carinho; e se hoje não consigo ver assim é porque estou no meio de uma turbulência, mas um dia eu o verei.

Assim, pois, se o Pai permitiu aquela crueldade, está bem! Se permitiu que a perseguição se enroscasse em minha cintura, está bem! Se permitiu que o boato enlodasse o meu nome, está bem!

Oh! maravilha! Comecei a perceber que ao dizer com toda a minha alma: está bem!, no ato se extinguia a indignação. Mais do que isso, também me dei conta de que, naquele mesmo instante, a lembrança amarga era apagada da minha mente. Foi uma descoberta, uma *heureca*.

Com o tempo comprovei que essa fórmula tão simples ("está bem") era exatamente equivalente à fórmula bíblica dos Pobres de Deus: *faça-se*.

Ao final das seis horas sentia a alegria de ter descoberto um caminho de libertação. Agora o importante era percorrê-lo assiduamente e com firmeza. Voltei para casa com o propósito de percorrer com determinação esse caminho de libertação na próxima saída.

TERAPIA INTENSIVA

Passaram-se vários dias sem que pudesse retirar-me à cordilheira, por causa dos compromissos no Instituto. Na semana seguinte peguei novamente o carro e saí, com uma sacola de frutas e uma garrafa de água, disposto a passar o dia inteiro e resolvido a viver a grande jornada de libertação.

Cheguei ao lugar habitual, porém como se tratava de um dia especial, pareceu-me que também o lugar deveria sê-lo; assim, continuei avançando pela estrada ziguezagueante que conduz a Farellones, primeira estação de esqui e esportes de inverno do Chile. Logo divisei um pequeno bosque, a uns 100 metros da estrada; para lá me dirigi e lá me instalei para ficar o dia todo.

Não foi um dia fácil. Tratava-se de curar as feridas, e pela primeira vez soube por experiência própria que as feridas não se curam de uma vez para sempre, que a palavra *total* é a mais falaz do dicionário, que não existe nada total, não existe uma conversão total, uma cura total; tudo é um processo lento, evolutivo e com muitos retrocessos. Pela primeira vez experimentei esse caráter evolutivo e ziguezagueante de todo o processo de elevação ou superação.

Consciente de ter de manejar uma matéria emocional, tentei colocar-me, antes de qualquer coisa, num estado interior emocional. Procurei reviver calmamente a noite de Gallipienzo. Como era de esperar, aquela maré já havia se retirado. No entanto, não foi difícil despertar sentimentos vivos de gratidão e admiração.

Procurei confinar-me no mar daquela noite. Não era a mesma coisa, mas era uma evocação e uma aproximação. Por longos momentos invoquei com ternura o Pai, aclamei-o como maravilhoso Papai, soltei-lhe um jorro de expressões de admiração, louvor e agradecimento. E, acima de tudo, a atitude fundamental da minha alma naquela manhã foi a invocação. Invoquei-o de mil formas e maneiras: como Papai, como Mamãe, como ternura, como doçura...

* * *

Alcançada aquela atmosfera interior emocional, passo a passo, e não sem certa apreensão, comecei a recordar as passagens mais dolorosas, uma a uma, as expressões mais pungentes daquele infausto período.

Fazia uma recordação vivida de cada lance e dizia ao Pai repetidamente: "Está bem, Pai, o que você quiser". De novo fazia vivamente presente mais um disparo de trabuco que me havia ferido de maneira especial, e novamente dizia: "Está bem, Pai, estamos de acordo", repetindo a expressão várias vezes. E assim fui realizando o mesmo procedimento com as outras feridas que ainda sangravam, como terapia intensiva.

Pude fazer várias constatações dignas de nota.

Cada ato, ainda que realizado da mesma maneira, não produzia os mesmos efeitos. De repente, um "está bem" causava um efeito instantâneo: apagava-se o fogo. Outro "está bem" referido a outro lance desagradável não originava efeitos tão imediatos, e o coração se mantinha rebelde, embora menos.

E assim pude perceber que a cura não era uniforme, como se se tratasse de um processo automático ou mecânico, senão que o coração reagia de diferentes formas a diferentes estímulos. Isso normalmente. Outra coisa é quando há de permeio uma graça infusa especial; nesse caso o efeito é imediato e definitivo.

* * *

Outra observação. Percebi que, por exemplo, uma lembrança muito dolorosa aceita pela manhã com um "está bem" deixava o coração instantaneamente em paz. Entretanto, essa mesma lembrança evocada à tarde fazia com que o coração reagisse novamente com irritação, apesar de menor, quando eu já acreditava que a ferida estivesse definitivamente curada.

Pude observar isso em vários casos, confirmando o que disse mais acima: que as feridas profundas necessitam de muitas curas, que ninguém sara de uma vez por todas, salvo no caso de graças infusas; e, normalmente, a cura total chega depois de muitas sessões curativas.

De qualquer maneira, na volta para casa sentia uma paz gratificante, um verdadeiro bálsamo, como há muito tempo não experimentava. Ao recordar os tempos amargos recentemente passados já não ficava tão perturbado, já não se acendia o fogo no coração. As feridas ainda doíam um pouco, mas já sem verter sangue.

Verdadeiramente havia sido um dia de libertação.

* * *

A partir das três retiradas para a solidão da cordilheira, tomei a decisão de continuar retirando-me com frequência. E assim aconteceria ano após ano, normalmente um dia inteiro por semana, sempre que as circunstâncias o permitissem. Caso contrário, tinha de me conformar com uma manhã ou uma tarde por semana. Anos depois, chamaríamos estes retiros de *desertos*; e assim os chamaremos daqui em diante neste escrito.

Nesse ritmo transcorreram os dois primeiros meses com o *deserto semanal*. Para abreviar, direi que nos desertos das primeiras semanas levei adiante, até as últimas consequências, a tarefa de uma completa purificação: cicatrizei as feridas com uma terapia reiterativa, morrendo sistematicamente no amor a todas as forças autodestrutivas, e aplacando, também no amor, as rebeldias e rancores... completando, dessa maneira, o processo de cura e chegando a conquistar uma paz definitiva e, ao que parece, irreversível.

Anos depois, eu viria a sistematizar essa experiência, ampliando, é bem verdade, seus horizontes, completando perspectivas, traçando uma pedagogia concreta e prática, e denominando-a com uma palavra um tanto ambígua: *abandono*. E o abandono viria a se constituir uma das vigas mestras de nossa mensagem e obra e chegaria a ser um dos instrumentos mais eficazes de libertação para milhares de pessoas.

SIMPLESMENTE ELE

Chegou o verão. Havia transcorrido dois meses desde que começara com os *desertos*. Ansiava, entretanto, sentia a necessidade de uma experiência mais forte, como, por exemplo, passar uma semana nas profundezas da cordilheira. Um belo dia peguei o carro e saí de casa para a aventura de explorar e procurar um local adequado em algum ponto da cordilheira profunda. E o encontrei.

No terceiro dia, no mês de janeiro (verão austral), saí de casa suficientemente apetrechado com água e alimentos. O local encontrado estava a várias horas de distância. Avancei com determinação pelo vale do Maipo, uma longa quebrada percorrida pelo rio de mesmo nome. No final do vale, o caminho se bifurca; peguei o lado esquerdo em direção da represa do Yeso, situada na alta cordilheira, que abastece a capital de água durante o verão. A partir do ponto da bifurcação, o caminho não estava asfaltado. Continuei, assim mesmo, subindo pela estrada tortuosa e poeirenta até chegar ao local escolhido previamente.

Era uma casinha semelhante a uma cabana, absolutamente solitária, habitada nos meses de verão por uma família constituída por um casal e cinco filhos, pequenos ainda. Possuíam ovelhas e cabras, dispersas pelos cerros.

A mulher dedicava-se a fazer queijo de cabra e assar diariamente o pão caseiro para a sua família e os montanhistas que passavam por lá frequentemente. Havíamos combinado de antemão que eu dormiria num lugar que dava para o exterior da cabana, e todos os dias eles me venderiam pão e queijo.

A uns quinhentos metros da casa abria-se uma pequena planície, cruzada por um riacho que alimentava um pequeno bosque. Este seria o meu Sinai. E começou a festa.

* * *

Antes de tudo quero declarar que as vivências desses dias, assim como as dos dias anteriores e vindouros, foram anotadas num caderno grande, até serem transferidas para *Mostra-me o teu rosto* e outros livros.

Era o primeiro dia. Havia levado comigo para a planície como "instrumento de trabalho" aquela oração de São Francisco que começa "Vós sois o santo..." e o prefácio do Quarto Cânon. Não quis forçar nada, nem tentei rezar. O Pai se faria presente. Enquanto isso, eu permanecia tranquilo, confiante, em sua presença, contemplando a paisagem andina.

Depois de um bom tempo, comecei a ler devagar e em voz alta: "Vós sois o santo, Senhor e Deus único", oração de louvor em que não há nenhuma referência a quem ora, senão que se eleva incessantemente para um Vós, sempre Vós, eternamente Vós. Enquanto dizia aquelas expressões, minha alma foi entrando em uma atmosfera de alta temperatura. "Vós sois a humildade, Vós sois a paciência, Vós sois a segurança, Vós sois a alegria, Vós sois a doçura, Vós sois a beleza, Vós sois a fortaleza..."

Um Vós sempiterno, um Vós inesgotável, interminável... Recordo que eu, nesse momento, era arrastado por um vendaval, envolto num torvelinho sempre para mais além, para uma vibração universal que emanava daquelas expressões. Primeiro lia as frases, depois as gritava, a seguir baixava o volume, finalmente ia emudecendo. Minha atenção, com todas as energias mentais concentradas, apoiada em cada uma dessas expressões e sentindo-as vivamente, minha alma, digamos, identificada com essas expressões, saía de mim, voava para um Vós, concentrava-se e fixava-se em um Vós, e simplesmente ficava com um Vós, identificada, compenetrada, enquanto eu desaparecia sem me preocupar se eu era justo ou pecador; bastava-me que ele fosse santo. Era adesão, posse, vibração.

Aqui também pude dar-me conta de que, nesses momentos, tudo tende a desaparecer: o eu, a história, o tempo. O Vós preenche tudo e de tal forma o ocupa que fica flutuando a impressão de que Deus é tudo e tudo é Deus, porém sem sinais de panteísmo. É o que sentia São Francisco: meu Deus e meu tudo.

* * *

Não sei quanto tempo durou aquele momento. Porém, tinha de parar para me alimentar, porque a natureza humana tem seus limites. Comi lentamente. No entanto, percebi que estava mentalmente cansado. Considerei conveniente dormir. Entreguei-me nos braços do sono. Não sei quanto tempo durou aquela doce ausência; apenas sei que, quando acordei, havia se dissipado o cansaço mental.

As ressonâncias do lindo *momento* da manhã ainda reverberavam em minha alma. Nesse estado emotivo peguei o prefácio do Canon IV, e a festa continuou.

Seu amor e sua imensidão estendem-se de um confim a outro do universo, abarcam e ultrapassam todas as fronteiras do espaço e do tempo, desde sempre e para sempre. Recordo que essas palavras me colocavam em alta tensão, enquanto contemplava aquelas gigantescas montanhas andinas, com cumes cada vez mais altos e mais distantes, alguns deles brancos de neve mesmo em pleno verão... Como que pasmado, como que extasiado, como que exaltado repetia incontáveis vezes: "Desde sempre e para sempre Vós sois Deus".

Sentia como se me nascessem imensas asas e como se também eu me estendesse de uma fronteira a outra, nas mesmas dimensões de Deus. Tudo era adoração e vertigem; tudo era a eternidade e a imensidão em um Vós que transcende e supera tudo em sua infinita grandeza, porém, sobretudo, que me ama loucamente e sem um porquê.

Sempre me senti absolutamente impotente para balbuciar a mais remota palavra, alegoria ou metáfora que pudesse verbalizar a emoção que eu senti naquela tarde ao exclamar incontáveis vezes "és uma luz mais brilhante que todas as luzes". Eu tenho também experiências de épocas de aridez, estados de frialdade, porém este foi um dia glorioso.

* * *

Ao cair a tarde fui descendo lentamente até a cabana, com o gozo derramado em todas as minhas artérias.

Aquela família não podia compreender como é possível um homem passar uma semana na solidão da montanha precisamente quando as pessoas vão de férias para as praias. De qualquer maneira, logo entramos num clima de confiança e conversamos muito.

A certa altura da noite nos retiramos. Foi uma noite original. Eu, nascido no campo, desde criança estava familiarizado com morcegos, rãs, ratos, sapos, aranhas... menos com répteis. Devido a essa familiaridade, não foi uma noite de horror, e sim uma noite até certo ponto divertida. É difícil imaginar a quantidade de ratos, enormes, passeando pelas vigas, brigando, chiando, subindo, descendo, até o dia amanhecer. Não sei onde, ao amanhecer, escondeu-se aquela legião de ratos; não saberia dizer se fugiram para os cerros ou foram esconder-se debaixo da terra, em suas tocas. De qualquer maneira, em nenhuma noite viria a faltar o show dos ratos.

* * *

Novamente subi à planície. Estive longo tempo contemplando os diferentes perfis da cordilheira, com o Salmo 104 como apoio para celebrar e desfrutar aquela manhã, esplêndida como poucas.

Era por volta da metade da manhã. Havia escolhido o Salmo 139 como *instrumento de trabalho* para o dia inteiro. Depois das habituais invocações e exercícios de silenciamento, comecei a tentar viver o incomparável salmo em seus dezoito primeiros versículos. Depois de certo tempo percebi que estava distraído, dispersivo. Não permiti que a angústia entrasse em meu recinto. Sentia-me incapaz de concentrar-me, de organizar os pensamentos, controlar os sentimentos; em suma, impotência para estar com o Pai. A certa altura o desalento e certa tristeza deram o ar da graça. Porém, fechei-lhes energicamente a porta.

Outras insinuações mais sutis assopraram em meus ouvidos: qual é o sentido de passar uma semana nestas condições? Por que não tirar, como todo o mundo, umas férias como se deve? Estava com o carro ali mesmo. Por que não me lançar a explorar recantos desconhecidos da cordilheira? Não fiz nada disso. Respirei fundo e caminhei várias horas pela pequena planície, percorrendo-a de um extremo ao outro. Comi. Entreguei-me ao sono. Resignei-me a *perder* o dia.

Deveriam ser umas seis horas da tarde. Fiz um exercício geral de silenciamento, procurando acima de tudo a calma e a tranquilidade, porque temia ser alcançado pela mão comprida da ansiedade.

Sem pressa nenhuma, invocando a ternura nunca desmentida do Papai querido, mergulhei novamente nas correntes do Salmo 139. Fui pronunciando repetidamente as primeiras palavras: "Senhor, tu me examinas e me conheces". Ao pronunciá-las, identificava toda a minha atenção e emoção com o conteúdo, o significado profundo das palavras. Continuava escalando os degraus dos tão inspirados versículos seguintes. Apesar de sua beleza, algo me puxava para trás e me levava de volta às primeiras palavras.

* * *

Fui pronunciando-as cada vez mais devagar, mais suavemente; minha alma estava cada vez mais compenetrada, identificada, paralisada no absolutamente Absoluto, no completamente Outro, no totalmente diferente de mim, meus mundos, fronteiras e interesses... Encontrava-me como se houvesse saído de mim, seduzido, cativado, *arrancado* dos meus fundamentos e perdido na imensidão do Mar, como quem olha sem pensar, como quem ama e se sente amado.

Continuava pronunciando as palavras ("tu me examinas e me conheces"), porém cada vez mais pausadamente. Tinha a impressão de que essas palavras eram como pontes que faziam presente o Ausente; porém, uma vez que o Ausente já estava completamente presente, para que servem as pontes e as palavras? E novamente meus olhos se umedeceram. E, sem perceber, cessaram as palavras e eu fiquei sem dizer nada com a mente, nada com a boca. As lágrimas substituíram as palavras.

Estava anoitecendo. A essa altura, Deus foi perdendo para mim toda a imagem, forma, concretude e localização. Já não era o Pai, não era o meu Senhor Jesus Cristo, não era o Espírito Santo. Era... quem era? Já não havia nomes. Apenas havia um pronome. Era Ele. Ele! Ele!

Um Ele que não está em cima, embaixo, longe, perto. Um Ele que não "está" em nenhum lugar; isto é: abarca, compreende, contém e transcende qualquer tempo, qualquer espaço. Ele é a Presença pura e essencial, e amante, e envolvente, e compenetrante, e onipresente; essência de minha existência e fundamento fundante do meu ser. Ele é e me ama. É o suficiente.

No final não restava outra realidade a não ser Ele, que não é enorme, senão enormidade; que não é imenso, senão imensidão; não é eterno, senão eternidade; não está dentro de mim, é imanente a mim; não está fora de mim, é transcendente a mim... E no final, quem sou eu? Sou uma atenção aberta, amorosa, sossegada, não absorvida por Ele, senão assumida por Ele. Sou como uma praia, Ele é o mar vasto, profundo e azul que me invade, inunda, me ama e me preenche completamente.

* * *

Já estava totalmente escuro. É difícil, melhor dizendo, é impossível para um habitante urbano imaginar neste mundo um espetáculo tão surpreendente como um céu estrelado na alta cordilheira. Existe uma frase feita que diz: "à luz das estrelas". É verdade: naquela noite parecia que os cumes andinos estavam tenuemente iluminados pela luz das estrelas.

Porém, naquele momento nada me comovia a não ser Ele. Não queria me distrair. Queria aproveitar o *momento*, absorvê-lo, vivê-lo com a máxima potencialidade; e pensei passar ali toda a noite; estava suficientemente agasalhado. Lembrava-me das noites de Jesus nas montanhas. Tinha um pequeno temor: que a família se assustasse; porém desliguei-me disso.

Novamente coloquei-me encolhido no chão, concentrado, imóvel; repeti algumas vezes "tu me examinas e me conheces". E não foi preciso mais nada. Novamente Ele, simplesmente Ele, a Presença que me envolvia e penetrava, infinitos favos de mel, milhões de mães com sua ternura, sem entender nada, sentindo tudo, num silêncio infinito povoado por um Infinito!

Olhava de vez em quando o esplendor do céu estrelado, e não sei de que entranhas me brotava aquele versículo: "Ó Senhor, como é glorioso teu nome em toda a terra! Sobre os céus se eleva a tua majestade...". Não houve em toda a história uma noite de bodas como aquela.

Na profundidade da noite, de repente divisei ao longe a luz de uma lanterna. Em seguida suspeitei do que se tratava e saí ao seu encontro. Era, obviamente, o pai de família com o filho mais velho, assustados. Pedi-lhes mil desculpas. Perguntaram-me se eu queria dormir em outro lugar mais para dentro da cabana. Coitadinhos! Pensaram que eu estava querendo fugir de ter de dormir com os ratos. Disse-lhes que estava muito confortável dormindo naquele lugar, que já estava familiarizado com esses animaizinhos de Deus. Isso os acalmou.

Descemos lentamente à tênue luz da lanterna. Era 1h da madrugada. Quando chegamos à cabana, a dona da casa acordou as crianças e o reencontro foi uma festa. Todos os chocolates que eu levara para me alimentar foram repartidos com eles.

* * *

Amanheceu o terceiro dia. Está me parecendo que se torna cansativo e enfadonho narrar com prolixidade os vaivens de cada jornada. Abreviando e resumindo, farei algumas observações.

Em primeiro lugar, devo ressaltar que todos os dias levava comigo, como *instrumento de trabalho*, salmos selecionados, um ou vários, além de alguns capítulos do profeta Isaías. Sempre estavam também ao meu alcance a

Bíblia, alguma das biografias de São Francisco, bem como os seus escritos.

Em segundo lugar, a atividade de oração dos dias seguintes variou muito, conforme a graça e as situações anímicas de cada momento. Houve momentos de elevação e intensidade semelhantes aos dos dias anteriores. Várias vezes fui atingido pela fadiga mental e pela consequente incapacidade de continuar orando, nesses momentos dedicava-me a ler; ler simplesmente, devagar.

No quinto dia visitou-me uma forte aridez, acompanhada de dispersão. Nesse dia estive a ponto de jogar tudo para o alto e voltar para casa, mas resisti e pude cumprir a semana completamente. Houve também abundantes orações vocais, sobretudo com os salmos de louvor e adoração, junto com momentos de recolhimento em silêncio e paz. Em várias ocasiões fechei obstinadamente as portas ao desânimo. O Senhor me deu a graça de coroar a semana com firmeza e alegria.

* * *

A partir dessa semana, e como consequência dela, deram-se em minha alma várias mudanças importantes.

Em primeiro lugar, como disse mais acima, o interlocutor habitual de minha atividade de oração, por longos anos, havia sido Jesus. A partir daquela noite de amor, invariavelmente foi o Pai. Nessa semana, e a partir dela, com frequência, nos momentos mais elevados, sobretudo quando o silêncio consegue substituir as palavras, o interlocutor era e é simplesmente Ele, acima dos nomes e denominações: o absoluto, o transcendente, o eterno, o que não tem nome, o incomparável...

Em segundo lugar, nasceu em mim uma vontade louca, uma ânsia incontrolável de ser humilde e desaparecer, uma necessidade imperiosa de cavar em minha alma vazios cada vez mais profundos. Esse ardente desejo de humildade nasceu sobretudo num dos momentos mais elevados em que passei várias horas repetindo aquelas palavras de São Francisco: "Quem sois vós e quem sou eu?". Ao medir a altura do Altíssimo em comparação com a minha pobre estatura, senti a necessidade de colocar-me à altura que me correspondia, a de um pobre. A partir dessa semana, como explicarei mais adiante, a humildade viria a se constituir para mim o ideal de conquista. A partir desse momento, muitos pontos de vista, critérios e julgamentos de avaliação deveriam experimentar alterações drásticas.

Em terceiro lugar, depois daquela semana surgiram como por encanto por todos os cantinhos da minha alma a ternura, a paciência e a misericórdia para com os pobres, e sobretudo no convívio com os irmãos difíceis.

No verão do ano seguinte repeti outra "semana" no mesmo local e da mesma forma. Porém, a partir do ano subsequente desapareceu aquela querida família e não soube mais deles. Ao que parece era uma dessas famílias nômades que se movimentavam de um lado para outro com suas ovelhas e cabras.

* * *

Os dois anos seguintes viriam a ser um tempo de maturação em duas direções: descobrimento e aprofundamento no mistério da humildade, em primeiro lugar. E, em segundo lugar, reflexão intelectual e estudo a fundo da Teologia na linha do Concílio Vaticano II. Tudo isso enquanto cumpria os compromissos próprios do Instituto ao qual pertencia.

Na medida em que eram publicados os textos conciliares fui devorando, mastigando, ruminando cada um dos documentos, anotando em meus cadernos as novidades que mais me chamavam a atenção.

Enquanto me dedicava a esse estudo conciliar, ao mesmo tempo e intelectualmente ia submergindo paulatina e decididamente nos abismos divinos com teólogos que haviam sido a alma do Concílio: Rahner, Congar, Schillebeeckx e outros. Conseguira as obras mais significativas desses autores e fui estudando-os pausadamente tomando nota das ideias que mais me cativavam.

* * *

Lancei-me também de cabeça nas obras fundamentais de Karl Barth, Bonhoeffer, Hamilton, os quais sempre considerei verdadeiros confessores e testemunhas de Jesus Cristo; e sua maneira de expressar a fé me parecia uma combinação perfeita entre a experiência e a racionalidade.

Entretanto, quem me deixou extasiado sobre as ondas da admiração sempre foi Teilhard de Chardin. Nenhum autor me cativou tanto como ele. Adquiri suas obras completas e naveguei durante muitos anos por seus mares brilhantes e profundos com incomum encantamento.

Nessa mesma época combinava estranhamente os autores citados com Meister Ekhart, Isaías e São João da Cruz.

Sempre acompanhei com verdadeiro interesse os avanços da teologia conciliar e, sobretudo, da cristologia. Porém, talvez o que mais me tenha apaixonado, nessa época e posteriormente também, tenha sido o progresso das ciências genéticas, as investigações sobre a biologia molecular e, em geral, tudo quanto fizesse referência à antropologia.

CAPÍTULO 4

CANTO FUNDAMENTAL

O silêncio caminha pelo vale nevado, porém ninguém escuta seus passos. Os rios seguem seu caminho sem olhar para trás nem para os lados. As rosas perfumam o ar, mas não se preocupam se os transeuntes se detêm para aspirar seu perfume. As estrelas brilham, porém não se importam se os lagos refletem ou não a sua luz. Todos se doam, cumprindo sua lei, mas nunca se voltam sobre si mesmos.

* * *

Anos atrás, o Pai Deus me havia manifestado seu amor de uma maneira surpreendente, superando todos os parâmetros de normalidade; essa *revelação* viria a ter efeitos de longa transcendência em nossa mensagem e obra.

Em troca, o que agora vou abordar não teve nenhum caráter infuso; ao contrário, foi uma elaboração lenta e progressiva ao longo daqueles cinco ou seis anos. Porém, me assiste a mais íntima convicção de que estamos diante de uma das manifestações mais bonitas e fecundas que o Pai me tenha dado em meus dias.

Tanto é assim que o conjunto de intuições, convicções, claridades e evidências que me foram dadas nestes anos, e que vou expor nas páginas seguintes, está esparramado ao longo e largo de meus dez livros e constitui o *cantus firmus*, a melodia central que atravessa e vivifica nossa mensagem e obra.

* * *

Tudo começou pela conjunção de várias linhas convergentes. Em primeiro lugar, um livrinho me comoveu até as raízes e jogou por terra todas as minhas estantes. O título do livrinho era *Sabedoria de um pobre*, de Eloi Leclerc. Li-o várias vezes; sempre me emocionava e nunca me cansava. O livro abriu-me horizontes inéditos e vastos panoramas na terra da pobreza e da humildade de coração.

Em segundo lugar, pelo próprio objetivo do Instituto ao qual pertencia, eu tinha de ficar permanentemente imerso na espiritualidade franciscana e próximo à alma de São Francisco. Embora teoricamente eu sempre soubesse disso, estive desgarrado uma ou outra vez ao comprovar a paixão, radicalidade e o santo fanatismo com que Francisco reclamou para si e seus irmãos, até seu último suspiro, o caminho da pobreza e da humildade.

Em terceiro lugar, nessa mesma época, e por contingências paralelas, foi-me concedido encontrar-me com outro homem evangélico, uma versão moderna do Pobre de Assis: Charles de Foucauld. Consegui suas obras completas e todas as biografias existentes na época. Como minha epiderme estava tão sensível a esses motivos, é difícil imaginar até que ponto minha alma se identificou e vibrou com os ideais do Irmãozinho Charles: sua vontade de desaparecer, de ser um "peregrino na noite", de imitar o grande desconhecido de Nazaré, seus desertos e personalidade contemplativa...

* * *

Nessa mesma época pude perceber de que maneira avançava pelas páginas da Bíblia a corrente caudalosa da espiritualidade dos *anawin* (os pobres de Deus). O manancial de onde emanou essa corrente foi o profeta Sofonias com suas intuições sobre o resto de Israel que, finalmente, desembocaria no mar das bem-aventuranças.

A palavra típica e mágica que sintetizaria a espiritualidade e a atitude vital dos Pobres de Deus era, e é, *faça-se*. Com esta palavra, a Mãe daria total cumprimento ao seu destino de maternidade divina. Com essa mesma palavra o Filho cumpriria seu destino como redentor do mundo durante a crise do Getsêmani.

A mesma declaração de identidade pessoal que se dá à Mãe ("Eis a serva do Senhor" – pobre e humilde) se daria também o Filho: "Aprendam de mim que sou pobre e humilde de coração". Impressionante o paralelismo entre a espiritualidade da Mãe e do Filho.

RETORNO AO ESQUECIMENTO

Eu, que era um rio que acreditava ser mar, fui ficando absolutamente deslumbrado por semelhante constelação de fulgores, lampejos e evidências concordantes. Não era nem serei nada, mas tinha todos os sonhos do mundo; porém, essas linhas convergentes me fizeram despertar sobressaltado, com uma explosão como de trombetas.

Não ia bem; não avançava pela verdadeira senda da sabedoria. Também eu tinha de empreender uma rota de estrelas, o caminho da noite, da humildade, dos nadas.

* * *

Por aqueles anos fui submergindo, à luz das bem-aventuranças, e como em câmara lenta, nos misteriosos abismos do "eu". As intuições e reflexões que dali extraí foram vertidas em todos os meus livros.

Todo o ser humano, assim que entra no uso da razão, projeta instintivamente uma imagem de si para si mesmo. Passam os anos e, paulatina e inconscientemente, o ser humano vai separando e distanciando aquilo que realmente é daquela imagem social que deseja projetar. Do desejar ser assim passa a imaginar ser assim: uma imagem, pois, ilusória e irreal.

Na sequência dá um novo passo mais alucinante ainda: identifica o que é com o que imagina ser. Embrenhado nesse frenesi delirante (e sem perceber) vai apegando-se morbidamente a essa imagem falsificada. É por isso que as pessoas não se interessam no que sou, e sim em como elas me veem. Não a realidade, mas a imagem. E a essa imagem fantasiosa chamamos "eu", assim mesmo entre aspas.

O "eu" é, pois, uma ilusão, uma ficção que nos seduz, uma mentira que exerce sobre o indivíduo uma cruel tirania: está triste porque sua imagem perdeu o brilho. Parece abatido porque sua popularidade caiu. Vai caindo na fossa da depressão porque seu prestígio se despedaçou. Seu *eu* (identidade pessoal) permanece inalterável. É sua *imagem* ("eu") que sobe ou desce. E no vaivém dos aplausos ou vaias sobem e descem suas euforias e depressões. Como se vê, o "eu" rouba ao indivíduo a paz e a alegria.

Vive obcecado em ficar bem, em causar boa impressão; está sempre ansioso em saber o que pensam dele, o que dizem dele, e nos zigue-zagues desses altos e baixos o sujeito sofre, teme, se emociona. A vaidade e o egoísmo amarram-no a uma dolorosa e inquietante existência.

Pior ainda: o "eu" coloca o ser humano num campo de batalha. Ataca e fere os que brilham mais do que ele no fragor das invejas, vinganças e rixas, que são as armas com que defende sua imagem. E assim nascem as guerras fratricidas desencadeadas em nome de uma mentira, uma louca quimera, um fogo-fátuo.

* * *

Como libertar-nos dessa tirania? Quando o ser humano deixa de se referir a essa imagem ilusória nasce a tranquilidade mental. A libertação consiste, pois, em esvaziar-se de si mesmo, tomar consciência e convencer-se de que esse "eu" é uma mentira, uma sombra.

Assim que a pessoa deixa de se referir ou se apegar a esse "eu", apagam-se os medos, as angústias e as obsessões, que são chamas vivas. E, apagadas as chamas, nasce o descanso, da mesma forma que, consumido o óleo da lâmpada, se apaga o fogo. Morre o "eu" e nasce a liberdade.

Jesus dirá: "Aquele que *odeia* a sua vida a ganhará". Bem-aventurados os despossuídos de si mesmos porque eles, e somente eles, possuirão o reino da paz. Quantas vezes, sentado sobre uma pedra e contemplando os cumes nevados, ao realizar os exercícios de esvaziamento mental e esquecimento de mim, cheguei a sentir quase instantaneamente o bálsamo da paz.

De repente, e no momento menos esperado, começava a sentir um aperto no coração: era o medo. Analisava-me e sempre comprovava que se tratava do "eu", de alguma ameaça à minha imagem. Fazia um exercício de esvaziamento mental e... mágica!, automaticamente a chama se apagava. E que paz! Incontáveis vezes fiz essa experiência e sempre recuperava a tranquilidade mental. E assim cheguei à inquebrantável decisão e convicção de avançar decididamente por esse caminho em cuja rota, tinha certeza, encontraria o que procurava: a benignidade, a suavidade e a doçura.

"NADA ME DÁ PENA"

Para aquele que se esvaziou de si próprio não existe ridículo. Se nos esquecêssemos, se nos esvaziássemos das ilusões e quimeras do "eu", o medo não bateria à nossa porta e sentiríamos o mesmo imenso alívio de quando desaparece a febre alta.

Nada de dentro, nada de fora poderia perturbar a serenidade daquele que se libertou do "eu". Os desgostos não o afligem, as críticas não o amarguram. Eliminado o "eu", adquire o ser humano plena presença de si mesmo e controle dos nervos no jeito de falar, agir e reagir. Porém, atenção!, isso não se consegue de uma vez para sempre. Depois de desfrutar uma sonhada paz, de repente, no momento menos esperado, eu me sentia agitado novamente. Analisava-me, e outra vez era o medo gerado pelo "eu". Outra vez precisava esvaziar-me e recuperar a serenidade.

* * *

Desprendido de si e de suas coisas, e libertado das amarras do "eu", o coração pobre e humilde entra no seio profundo da liberdade. E, a partir daí, começa a viver livre de todo o medo, na estabilidade emocional de quem está acima de qualquer mudança.

O coração pobre e humilde, libertado já da obsessão de sua imagem ("eu"), não se preocupa com o que pensem ou digam dele e vive, silencioso, em uma agradável inferioridade. Movimenta-se no mundo das coisas e acontecimentos, porém sua morada está no reino da serenidade. Nada precisa defender porque nada possui. Não ameaça a ninguém e por ninguém se sente ameaçado.

O pobre no espírito não julga, não pressupõe, nunca invade o santuário das intenções e seu estilo é de elevada gentileza. É capaz de tratar os demais com a mesma consideração com que trata a si mesmo. Uma vez desprendido da paixão do "eu", passa à compaixão com a humanidade sofredora.

O coração humilde não se irrita contra nada, respeita as leis da criação e entra prazerosamente em seu curso. Deixa passar as coisas ao seu lado e deixa que as coisas sejam o que são. E uma vez submerso na corrente da vida, procura com ternura todas as criaturas de Deus e sente gratidão e reverência por tudo.

Essa e tantas outras intuições experimentadas por mim mesmo, derramadas em meus livros com mil matizes diferentes, fizeram-me empreender um programa áspero, porém libertador: não dar satisfações ao "eu", não se defender, não se justificar, não procurar elogios, não falar de si, esquivar-se dos aplausos, desaparecer, voar para o país do esquecimento. Em suma, "negar a si mesmo". E tudo isso, não nos iludamos, lentamente. No caminho nos esperam os desânimos e os retrocessos. É preciso começar a aceitar, antes de qualquer coisa, que a vida seja tal como é.

A SERVA

Vamos dar um salto para trás e regressar aos anos em que eu era estudante de Teologia. Já expliquei o quanto aquela Teologia escolástica não me dizia nada e como aquela redução do Deus vivo a categorias intelectuais e fórmulas abstratas me causava uma estranha sensação de alergia.

Iguais sentimentos, ainda mais intensos, me produzia aquela Mariologia que nos ensinavam. Eu não sentia nenhuma simpatia nem devoção por aquela mulher aureolada, quase mágica, tão distante de nossa pobre natureza. Colocavam-na tão longe de nós, lá no azul do firmamento, coroada de estrelas, a lua aos seus pés, cercada de anjos, aureolada de uma mitologia típica de uma semideusa..., em suma uma mulher que, para começar, nem sequer era mulher.

A apresentação de uma mulher tão irreal e pouco humana me produziu um conflito íntimo difícil de descrever. De um lado, eu sentia, naturalmente, aquela devoção mariana que trazia desde o berço, e, de outro, aquela representação superdimensionada de Maria, apoiada, além do mais, em argumentos teológicos, me causava um choque, uma forte contradição.

Foi uma crise que durou até a época em que se me *revelou* a espiritualidade dos pobres e humildes. A crise se agravou nos meus primeiros anos de sacerdócio, em que tive de fazer panegíricos sobre Maria, pregar novenas sobre a Imaculada, quando me via obrigado a proclamar ideias que intimamente não me convenciam. Foi uma profunda contrariedade vivida silenciosamente.

* * *

Naquela época – aproximadamente 1967-1968 – em que se me revelava o mistério da pobreza e humildade, lancei mão de todos os livros que pude encontrar sobre os *anawim*; li-os, estudei-os, saciei-me com infinita satisfação. Essas descobertas, vividas intensamente, levaram-me a uma profunda alegria, encheram-me de uma gloriosa liberdade.

Um dia perguntei a mim mesmo: quem sabe se Maria de Nazaré, aquela que aparece nos Evangelhos, não é uma figura completamente diversa daquela outra que nos entregaram nas aulas de Mariologia? Que perfil terá, como se verá a tradicional Virgem Maria contemplada à luz da espiritualidade dos *anawim* da Bíblia?

O fato é que reuni todos os textos evangélicos, literalmente todos, que se referiam a Maria, fiz transluzir sua figura através do prisma da alma dos pobres. Foi aparecendo, paulatinamente, diante de meus olhos, uma figura deslumbrante, não precisamente por suas estrelas e diamantes, mas por sua dignidade, silêncio, fortaleza, elegância... Sem dúvida, uma mulher de fé e pobre de Deus.

Pobre de Deus é aquela mulher que se sente sem direitos; e a uma mulher que se sente sem direitos, o que poderá ofendê-la? Àquela que nada tem e nada quer ter, o que poderá inquietá-la? Não haverá no mundo emergências dolorosas ou situações imprevisíveis que possam ferir ou desintegrar a estabilidade psíquica de uma pobre de Deus como Maria.

Essa criatura excepcional que aparece nos Evangelhos, senhora de si mesma antes de senhora nossa, de uma estabilidade emocional invejável e admirável, indestrutível diante dos baques e adversidades da vida, essa figura é filha de uma espiritualidade, a dos servos pobres e humildes, conforme ela mesma se qualifica e se classifica: "Eu sou a serva do Senhor. Faça-se segundo a tua palavra".

Possivelmente, são as palavras mais bonitas da Escritura. Maria foi aquela mulher que estendeu um cheque em branco, aquela que abriu um crédito infinito e incondicional ao senhor seu Deus, e jamais se virou para trás. Verdadeiramente, a *Serva* disposta a formular em qualquer momento seu "faça-se".

Depois dessa descoberta, meu coração ficou para sempre cativado pela Serva do Senhor. Os vislumbres e intuições, que me aconteceram na contemplação geral de Maria, fui vertendo-os, anos depois, em *O silêncio de Maria*.

GREDOS

Nos anos de 1969-1970 ausentei-me do Instituto. Durante esses dois anos organizei e pus em execução numerosas e sucessivas Semanas de Renovação em toda a extensão da geografia espanhola para os irmãos e irmãs da Família Franciscana.

Diante da impossibilidade de realizar, de maneira organizada, meu sistema de desertos e tempos fortes por causa dos compromissos, decidi agendar e colocar em prática um deserto prolongado realizado terra adentro e com características atípicas.

No cantinho mais remoto da minha inferioridade haviam nascido sonhos e ideais, e sobretudo uma insaciável nostalgia de estar com Deus. Meu ideal era chegar a ser uma lâmpada que nunca fosse conquistada pela escuridão nem extinguida pelo vento. Queria beber a taça de um vinho que embriagasse de outra maneira. Almejava acender velas e queimar incenso em sua presença, tecer uma grinalda de amapolas para a sua coroa e entoar uma canção sem palavras que fosse aprazível aos seus ouvidos. Tantas coisas... Sonhava, enfim, viver durante longas semanas um delicioso festival de presença inebriada. Porém, onde, como?

* * *

Para movimentar-me de um lado para outro eu dispunha então de um humilde veículo que na Espanha se chamava *Dois Cavalos*, porque seu motor, suponho, tinha dois cavalos de potência. Era uma caminhonete fechada que permitia colocar um colchão em seu interior, e assim podia dormir com certo conforto.

Onde realizar esse sonhado e longo deserto? Tinha de ser numa terra de santos. Optei por Ávila. Cheguei lá levando comigo as obras completas de São João da Cruz, Santa Teresa e São Pedro de Alcântara. Dediquei um dia inteiro a explorar e procurar um local adequado. Primeiro, peguei a estrada de Salamanca; depois a de Segóvia; a certa altura desviei por caminhos secundários e estradas vicinais procurando sempre vislumbrar um panorama ideal.

Por fim, optei pela estrada que conduzia ao Escorial. Depois de percorrer muitos quilômetros desviei por uma estrada secundária. A certa altura peguei um caminho vicinal não asfaltado, que logo se transformava numa vereda de rebanhos. Abandonei esse caminho e desviei para a esquerda; era uma zona austera e bravia da serra de Gredos: uma solidão de pedra, montanhas azuladas à distância e no firmamento um azul absolutamente deslumbrante.

Estávamos no mês de setembro. Ali passaria 35 dias, com pequenas ausências para adquirir alimentos. Apenas abandonaria aquela solidão para realizar três peregrinações aos sepulcros de São João da Cruz, em Segóvia, de Santa Teresa, em Alba de Tormes, e de São Pedro de Alcântara, em Arenas de São Pedro, bem como também outra peregrinação a Duruelo, vilarejo onde São João da Cruz iniciou sua primeira reforma carmelita.

Seria uma missão impossível redigir com prolixidade um diário com anotações de cada jornada, que, por certo, estão declaradas em meus cadernos. Assim, pois, procurarei narrar alguns episódios que deixaram marcas profundas em minha vida privada com o Senhor, assim como algumas recordações que, no meu entender, merecem ser destacadas.

* * *

Em resumo, foram dias de glória. A atividade interior foi muito diversificada e intensa. Abundantes graças caíram sobre minha alma como poderosas tempestades. Porém, com bastante frequência, minhas asas se agitavam contra o vento em momentos de total aridez, sem nunca chegar, não obstante, à desolação. Houve noites estreladas em que me transportava para a alma de Jesus, como explicarei.

Acabei de ler, quase em sua totalidade, as obras completas dos três santos avilenses, à sombra de um carvalho, sentado sobre um bloco de granito. Gostei dos três. Porém, minha alma sintonizou-se, com a atração da vertigem, com a alma e os ideais de frei João da Cruz. Captei nitidamente e experimentei vitalmente que o programa dos nadas é a fonte pura da alegria e da liberdade.

Naquele dia peguei meu *Dois Cavalos* e avancei por caminhos de terra, confinando-me nos contrafortes da serrania de Gredos, até chegar a um vilarejo perdido na solidão da serra, chamado Duruelo. Lembro que fiquei comovido até as lagrimas ao entrar no eremitério, primeira fundação de Frei João, e encontrar-me logo ao primeiro golpe de vista com aquelas três palavras, escritas com a sua mão, que sintetizavam o seu ideal: *esquecimento, silêncio, escuridão*. Jamais esquecerei. E estas outras palavras: "Nada me dá pena"; "Nada me dá glória".

Apesar da notável e visível diferença entre Francisco de Assis e João da Cruz – vistos superficialmente parecem antípodas –, naquelas semanas, entretanto, cheguei à conclusão de que, na realidade, guardadas as devidas proporções, existe entre os dois santos uma íntima sintonia coincidente: são como dois tubos comunicantes.

ROCHEDOS CINZENTOS

Desde a minha chegada àquele lugar fiquei fascinado pelo espetáculo de alguns rochedos altivos e trágicos que se divisavam ao longe. Naquele momento decidi que, pelo menos um dia, passaria em adoração diante daquele espetáculo que, de longe, parecia aterrorizante.

Era o quarto dia da minha estada. Quando a luz do amanhecer começava a dançar nas encostas das montanhas, saí a pé na direção daqueles rochedos, levando comigo como *instrumento de trabalho* os Salmos 8 e 104. Andava e andava e parecia que os rochedos se distanciavam cada vez mais. Já havia caminhado duas horas, mas a meta parecia cada vez mais longe.

À medida que me aproximava, podiam distinguir-se umas rochas soltas de cima a baixo, ladeadas de um lado e outro por barrancos e fendas que, conforme a direção em que eu me encontrasse, iam tomando formas caprichosas: num momento, pareciam cabeças de búfalos, quilhas quebradas de um enorme transatlântico; em outro, gigantes desafiando o céu, punhos para o alto, flechas... Tudo, sem dúvida, efeito de alguma catástrofe telúrica de épocas muito remotas.

Finalmente, cheguei ao pé dos rochedos. Encontrei um bloco de granito de tamanho regular (toda a serra de Gredos é formada de granito cinza), do qual se dominava todo o cenário. Sentei-me sobre aquele bloco. Bebi muita água. Descansei um bom tempo.

* * *

Comecei rezando os Salmos 8 e 104 enquanto levantava os olhos para aquela imponente grandeza. Aos poucos fui ficando com dois versículos: "Ó Senhor, meu Deus, como é glorioso teu nome em toda a terra!" e "Senhor, meu Deus, como és grande!". Enquanto os repetia sem parar fui entrando num estado de admiração e adoração, algo que surgia da mais remota intimidade.

A seguir entrei num estado de exaltação: Senhor, meu Deus, como és grande! Eterno como esta montanha, imutável como estes rochedos, invencível como esta serra, quão grande és, Deus meu, belo como esta paisagem, profundo como este azul! Senhor, Senhor, gravitação eterna dos horizontes!, és aurora sem ocaso, a luz te envolve como um manto, em tua luz vemos a luz, estás vestido de beleza e esplendor. Tu brilharás eternamente sobre os rochedos de minha alma. Senhor, meu Deus, como é glorioso teu nome em toda a terra!

Tudo era luz sobre os rochedos e delírio sobre a alma. Fui fazendo considerações sobre as idades geológicas; dava tratos à imaginação considerando que há milhões de anos, talvez bilhões, acontecera ali um parto telúrico entre bramidos e trovões subterrâneos. Muito antes, quando explodiu aquela molécula gigantesca e se pôs em marcha este universo em expansão... desde sempre e para sempre, tu és grande e admirável, Senhor!

Na calma e na majestade destes enormes penedos minha alma te sente e te ama. Quando aqui sopram as tempestades, tu voas em suas asas. Tudo está cheio da tua presença. Tu és a força que, nesta avalancha, arrasta neve e penhascos. Quando o branco silêncio cobre de neve estes cumes, Senhor, Senhor, tudo se cobre de tua silenciosa presença! Bendito sejas pelas neves eternas e pelos rochedos imutáveis. Bendito sejas pelo silêncio augusto das noites estreladas. Senhor meu Deus, como és grande!

Sentia-me exaltado, vibrante, feliz. Poderia continuar mais tempo nessa adoração cósmica. Porém, me detive. Caminhei debaixo dos rochedos contemplando as distantes montanhas azuladas. Alimentei-me. Descansei. Com as vivências daquele dia escreveria numerosas páginas no dia seguinte.

Logo teria de empreender o retorno. Aproveitei o tempo disponível para rezar outros salmos de louvor, e às cinco horas da tarde iniciei a viagem de volta cantando salmos. Ao chegar ao lugar de pouso eram oito horas, estava já quase escuro. Cheguei cansado de corpo e de mente, porém jubiloso na alma. Um grande dia.

TEMPERATURA INTERIOR

Mais de vinte vezes os Evangelhos atestam que Jesus orava sempre sozinho, quase sempre à noite e geralmente em uma montanha. Sempre senti um premente desejo de passar uma noite em oração em uma montanha. Não sei o que a noite tem: dormem as flores, acordam as estrelas, parece que Deus nos envolve com um enorme manto de silêncio e ele mesmo se torna plasticamente concreto; não podemos segurar a luz nem a escuridão, porém dispomos de mãos misteriosas para apalpar Deus, e esse prodígio geralmente se produz à noite. O Pai concedeu-me o privilégio de passar várias vigílias terra adentro e em noite alta.

Todavia, ainda há mais. Eu havia desejado muitas vezes aproximar-me do coração de Jesus em uma noite de oração; inclusive havia alimentado o sonho impossível de descobrir e participar da vida profunda de Jesus no contexto da premente insistência de Paulo: "tenham os mesmos sentimentos de Cristo Jesus". Porém, como captar a temperatura interior de Jesus, suas vibrações emocionais, seus sentimentos ou disposição interior?

É impossível realizar essa descoberta dos harmônicos profundos de Jesus. É uma tarefa específica e exclusiva do Espírito Santo.

Chegou o dia de fazer uma experiência nesse sentido. Naquele dia dormi a tarde toda. E quando já apareciam as primeiras estrelas, agasalhei-me bem, caminhei uns cem metros até chegar a um descampado onde havia grandes pedras; ali me sentei.

Comecei pedindo ardente e prolongadamente uma ajuda muito especial do Espírito Santo. Invoquei-o com toda a alma, suplicando que me concedesse a plenitude de seus dons. Evoquei Jesus nas noites estreladas da Palestina, sentado, assim como estava eu agora, sobre uma pedra, inclinado sobre si mesmo, os cotovelos sobre os joelhos e a cabeça entre as mãos. Estava ao meu lado, sentado sobre uma das pedras.

Fiquei quieto, prendendo a respiração, num estado de enlevo admirativo, como quem, com um potente telescópio, se aproximasse do infinito mundo sideral. Depois, muito concentrado, na fé, olhei com infinita reverência para a intimidade de Jesus, e lá *fiquei* presenciando, detectando alguma coisa do que acontecia nesses abismos. Arrebatado por essa atmosfera, permanecia quieto e imóvel, deixando-me impregnar de seus harmônicos existenciais, participando de sua experiência profunda. E, identificando minhas emoções com as suas, comecei a repetir, sentindo o que Jesus sentiria ao dizer: "Abbá, Papai querido". Repeti milhares de vezes, com o coração de Jesus.

Ao final de um longo tempo comecei a repetir, também com o coração de Jesus, com seus próprios sentimentos: "Santificado seja o teu nome". Repeti inúmeras vezes, sem cair nunca na monotonia; pelo contrário, quanto mais eu repetia, maior carga vital e emoção sentia. Mais tarde repetia, com o coração de Jesus, esta frase: "Pai, glorifica teu nome".

Estávamos na profundidade da noite. Uma força inevitável me arrastava para trás, ao *Abbá*. E fiquei com o *Papai querido*, repetindo-o até o despontar da aurora; e tantas vezes o repeti e cada vez mais possessivamente que, aqui também, a palavra *silenciou*, e uma vez mais, a palavra foi substituída pelas lágrimas.

E aconteceu algo que é inútil tentar explicar. Nem toda a poesia do mundo poderia evocar, nem toda a psicanálise suspeitar um fio do que ali aconteceu. Pode parecer até heresia. Simplesmente, eu havia desaparecido. Eu não era eu, eu *era* Jesus. No mundo só ficara Jesus no Pai e eu perdido entre eles... até o sol raiar.

EPISÓDIOS

Nessa longa retirada houve três noites desse estilo. Anotei diversas observações. Em primeiro lugar, no dia posterior a essas vigílias não dormia bem ou quase nada. Com o passar dos dias foi se acumulando o cansaço cerebral, e aproximadamente no vigésimo dia fui entrando num estado psíquico estranho. Não era aridez, nem mesmo frialdade; tampouco era uma típica *noite do espírito*, porém participava de muitas de suas características. Rezar era perder tempo. Ler textos de santos não me parecia gratificante, e, pior, tinha absoluta incapacidade de concentração. Dominava-me a ideia, quase a obsessão, de estar perdendo tempo e de estar preso num círculo de falácia e mentira. Começaram também a cravar-se em mim como setas, frequentes lampejos de tédio, inclusive de náuseas.

Optei por começar a fazer as peregrinações aos sepulcros dos santos em dias alternados. Enquanto isso, procurava diminuir a intensidade da atividade de oração, que se reduzia a orações orais e cânticos. Em cinco dias conseguira recuperar a normalidade.

Outro episódio. Numa daquelas noites, uma noite excepcionalmente serena e sossegada, estando eu absorto num maravilhoso mundo de adoração, comecei a escutar, primeiro ao longe, depois mais perto, ruídos e movimentos de... quem sabe! É impressionante com que clareza se captam os ruídos na noite. Não entrei em pânico, entretanto senti um arrepio. Regressei ao meu furgão, assustado, fiquei à espreita.

O ruído estava cada vez mais próximo, como se estivesse em cima, dos lados. Eram touros pretos... porém, não, depressa pude comprovar que se tratava de vacas. Eram cinco. O que aconteceu parece inacreditável. Os cinco touros (vacas) ficaram parados em volta, na frente e dos lados do furgão olhando-me atentamente como um exército em ordem de batalha, como se estivessem dispostos ao ataque. Fiz um gesto de abandono e me acalmei. Caí em mim e imaginei que os touros (vacas) nunca haviam visto na montanha semelhante objeto e o observavam com curiosidade e atenção. Com efeito, após uns dois minutos, um atrás do outro, calmamente, foram embora.

* * *

Durante vários dias, nessa retirada de Gredos, experimentei, sobretudo ao entardecer, a nostalgia das colinas eternas, pequenos vislumbres do mais além.

Em Santiago do Chile costuma dar-se um fenômeno que desperta em mim saudades de mundos impossíveis, porém desejados. No inverno, os altos cumes estão coroados de neve. Mesmo assim, de vez em quando acontecem dias radiantes. Ao anoitecer desses gloriosos dias ocorre um fenômeno visual que desperta em mim misteriosas evocações. O Sol já se escondeu por trás das montanhas. Depois de um longo tempo, já quase anoitecendo, aqueles cumes permanecem tenuemente iluminados sobre o fundo escuro do Armamento, porém com uma luz tão evanescente de tonalidades avermelhadas que produz em mim uma sensação indefinida de nostalgia do mais além, de outro mundo melhor, da Pátria.

Pois bem, naqueles dias, em Gredos, apesar de naquela época não haver neve, cheguei a sentir com profunda intensidade, sobretudo ao entardecer, uma misteriosa e imperiosa nostalgia da Casa do Pai, um súbito e veemente desejo de que tudo acabasse para que tudo começasse. Tenho a mais firme convicção de que a vida eterna é uma realidade tão elevada que não existe mente que a possa conceber nem língua capaz de expressá-la. Vamos ter uma surpresa tão grande quando nos encontrarmos com os olhos abertos e frente à frente com um universo deslumbrante, inteiramente *outra coisa*, infinitamente mais excelso e fora de série de tudo o que poderíamos suspeitar. Há de chegar.

A ÚLTIMA NOITE

Uma noite de amor, como aquela que expliquei mais acima, alterara em minha história tantos impulsos vitais, motivos de comportamento, critérios de vida como se evidenciaria em minha obra posterior. A vida me ensinou que o amor é a suprema energia do mundo e o princípio de toda a santidade consiste em deixar-se amar, porque somente os amados amam.

Também no transcorrer desses anos a experiência de vida me deixara uma série de evidências: que a única grandeza do Pai é a compaixão; que o Pai sempre está esperando, sem forçar ninguém e respeitando a liberdade; que não existe em seu dicionário a palavra "castigo"; pelo contrário, se os homens lhe jogam pedras, ele, em troca, lhes dá flores; quando os homens lhe lançam flechas envenenadas, ele, em troca, lhes oferece um sol de ouro; que carrega nos ombros a ovelha rebelde e fugitiva e leva-a para pastar em verdes campinas; que, enfim, seus melhores cuidados e presentes ele os reserva para os rebeldes.

Antes de abandonar aquela solidão invejável e descer para o fragor das multidões, eu almejava ardentemente imergir num novo e último banho no amor e viver em alta voltagem uma última noite de amor.

* * *

Descansei e dormi muito bem durante aquele penúltimo dia. Estava contente, apesar de um tique de nervosismo; porém, um lampejo de emoção me augurava uma noite especial. Pouco a pouco a penumbra foi cobrindo com um manto cinzento os vales distantes e o círculo de montanhas, e uma a uma foram aparecendo as estrelas sobre o fundo escuro.

Depois de uma hora, tudo era prodígio naquela noite; parecia uma noite mágica. Com toda a minha alma pedi ao Espírito Santo a humildade, a concentração e, sobretudo, a sabedoria para deixar-me amar, deixar-me amar loucamente até que as colunas do "eu" se derretessem na frágua do amor.

Sentei-me sobre aquela pedra, encolhi-me sobre mim mesmo, segurei a cabeça entre as mãos e permaneci imóvel, paralisado, vazio de tudo durante um bom tempo. Depois, concentrado, tranquilo, comecei a repetir a inefável invocação: "Abbá, Papai querido!". Inúmeras vezes a repeti, cada vez com maior concentração; e, do fundo da eternidade, pouco a pouco foi emergindo o Pai com um olhar amoroso, envolvendo-me com um amor sem medidas nem controles.

* * *

Dizem que as pontes unem os distantes, porém naquele momento as distâncias se haviam dissipado e eu vivia uma intimidade total, na qual eu havia sido envolto em seu seio como num oceano. Todavia, continuava invocando-o com pausas longas de silêncio: Papai querido!

A ternura e a confiança levantaram o voo para lançar-me na vertigem, no seio profundo da presença amorosa. Oh! Papai querido! Tive a sensação de que todo o meu corpo, melhor dizendo, minhas artérias se haviam transformado em rios caudalosos de doçura. Papai querido!

Os perfis dos cerros e as próprias estrelas haviam desaparecido. Uma preamar feita de mel e ternura subia e subia, e com suas imensas ondas foi cobrindo tudo: vales, rochedos, montanhas..., tudo ficou alagado até que, no final, somente ficou o Amor. Oh, meu querido Papai, mil vezes bendito! E eu me perdi na preamar, deixei-me arrastar pelas ondas e não soube mais...

Às quatro da madrugada retirei-me para o furgão para descansar, e às dez da manhã empreendi o regresso à vida ao som da música alegre de Vivaldi. No dia seguinte reiniciava as Semanas de Renovação.

TURBULÊNCIAS E ALTOS E BAIXOS

Passou-se mais um ano inteiro, durante o qual fui ministrando, quase sem pausas, cursos de espiritualidade franciscana para irmãos e irmãs. Dada a estrutura das Semanas não havia oportunidade para realizar, pelo menos organizadamente, os desertos, nem mesmo os tempos fortes.

Naquele ano pude constatar experimentalmente, e pela primeira vez na vida, um fenômeno alarmante: quando se descuida da atividade de oração, Deus começa a transformar-se em uma realidade cada vez mais ausente, distante e inexistente, e acaba por ser um conceito; e, num círculo vicioso implacável, vai se perdendo a vontade de estar com ele.

À medida que isso acontece, nascem, crescem e dominam os inimigos: o amor-próprio, a suscetibilidade, o mau humor, o orgulho... Tudo isso fui observando em mim mesmo. Assustei-me; e cheguei à conclusão de que os *tempos fortes* dedicados explicitamente a cultivar o convívio pessoal com o Senhor são assunto de vida ou morte para um homem consagrado a Deus.

Também percebi nitidamente outra coisa: como é fácil deixar Jesus para se dedicar às coisas de Jesus! Racionaliza-se com enorme facilidade afirmando que as urgências apostólicas têm prioridade em tudo e, hoje em dia, o importante não é rezar, e sim comprometer-se com os necessitados. Como consequência, vai-se deixando Jesus num segundo plano. Resultado imediato? Jesus deixa de ser aquela presença gratificante, e, por esse caminho, ele acaba virando um Jesus Cristo congelado, desencantado. Sendo assim, sem um Jesus Cristo vivo, que sentido tem a vida evangélica, o celibato, o negar-se a si mesmo, o devolver o bem pelo mal, o perdoar o inimigo? Tudo se transforma em repressão e nada tem sentido.

Naquele ano tão vertiginoso tomei consciência da maneira como, tão insensivelmente, podia cair, também eu, nesse círculo mortal, e que não valem as elevadas experiências de tempos passados se não se persevera. Tomei, pois, uma firme resolução: já que durante o dia o programa das atividades não me permitia cumprir completamente tempos fortes, decidi madrugar todos os dias e dedicar sessenta minutos para cultivar a vida íntima com

Deus, antes de começar o movimento matinal. E, salvo raras exceções, assim o fiz desde então, em 1970, até hoje, e sempre no mesmo quarto onde eu dormia.

A experiência da vida também me ensinou que, se o tempo forte não se coloca em prática nas primeiras horas da manhã, os compromissos vão se precipitando ao longo do dia até que, sem perceber, já nos surpreendeu a noite e o sono.

* * *

Não foi fácil manter em pé essa resolução dos tempos fortes diários ao longo de vinte e sete anos. Está feito, porém a verdade é que uma infinidade de obstáculos se interpuseram no caminho, e foi preciso uma obstinada determinação para poder perseverar contra o vento e a maré.

Ah! a complexidade do ser humano, esse *desconhecido*. Os estados de ânimo subiam e desciam como as alterações atmosféricas. Havia dias em que amanhecia com dor de cabeça. No dia em que menos esperava, às vezes por motivos conhecidos, mas em geral sem saber por quê, apoderavam-se de mim estados de dispersão, distração ou nervosismo que tornavam impraticável qualquer possibilidade de intimidade. Não faltaram manhãs em que me deixava vencer pelo sono.

Nesses dias fui provando e ensaiando modalidades diferentes para estar com Deus: às vezes, simplesmente lendo biografias de santos às quais durante toda a minha vida fui muito aficionado. Outras vezes recitava salmos ou orações e, enquanto os lia lentamente, procurava sentir com toda a alma o significado ou conteúdo dos textos.

Outras vezes falava com Deus escrevendo. Enchi cadernos inteiros com minhas conversas com Deus. Pude comprovar que essa é uma maneira eficaz de rezar em épocas de grande dificuldade.

Houve épocas em que se apoderou de mim a frustração ao comprovar o contraste entre os esforços empregados e os resultados obtidos; e também ao ver que não existe uma linha uniformemente ascendente na oração, e os estados de ânimo tampouco são uma linha geometricamente reta, e sim sinuosa. Em outras oportunidades, no dia menos esperado, fazia um esforço para colocar-me em oração, mas uma enorme aridez obstaculizava qualquer tentativa. Nesses casos pegava um versículo dos salmos ou uma jaculatória que me evocasse ressonâncias vivas e ficava o tempo todo simplesmente repetindo essa frase, com pausas e com a maior concentração possível.

* * *

Em meio a essas provas, sobretudo quando eram prolongadas, era inevitável que a tentação desse o ar da graça: estou perdendo tempo, não vale a pena. Porém, nenhum dos dois estados era demorado: alternavam-se os tempos de dispersão com os de concentração, as épocas de aridez com as de gozo sensível.

Dei-me conta de que o convívio com o Senhor ia adaptando-se às minhas disposições mutáveis. A preocupação, o simples cansaço, as indisposições físicas, certa tensão por causa dos compromissos dificultavam, impossibilitavam, favoreciam uma ou outra modalidade em relação a Deus.

Houve também visitações divinas pelas quais valeria a pena esperar uma eternidade. Elas despertavam em mim energias indomáveis para continuar no caminho empreendido. Em momentos de dificuldade, em transes de tribulação, até de desolação (acontece de tudo na vida), quantas vezes Deus se fazia inesperadamente presente como uma branca enfermeira derramando bálsamo de consolação sobre as feridas da tribulação. Uma delícia. Em tão longos anos era inevitável que surgissem crises nas quais eu me sentia triturado por dentro e por fora, abatido por lutas e medos...; nessas situações eu comprovei de que maneira Deus, como mãe maravilhosa, fazia brotar das feridas da tribulação a chama da consolação.

Houve períodos de devoção sensível, momentos deliciosos, experiências de caráter infuso que me faziam sentir forte para superar as dificuldades, enchiam minha alma de generosidade e audácia, e, sobretudo, me infundiam ímpeto para percorrer com determinação a senda da humildade, da paciência, da misericórdia, enfim, para amar como Jesus amou.

NA ROTA DO IRMÃO

Pertencendo a um Centro de Estudos Franciscanos, considerei conveniente e até necessário visitar e conhecer o teatro de operações onde haviam transcorrido as cenas mais eminentes da epopeia franciscana. Pedi, então, autorização aos Superiores e eles concederam-na de boa vontade.

Estávamos nos meses de setembro-outubro de 1970, exatamente um ano após o deserto de Gredos. Mais do que uma viagem de estudos, resultaria numa peregrinação de eremitério em eremitério, permanecendo em cada lugar dois ou três dias; em Alverne, uma semana e em Fontecolombo, nove dias. Seis semanas, no total.

Partindo de Roma, viajei de trem até Assis. A Itália central é uma combinação alternada de vales e cadeias de montanhas.

Nos meses anteriores à viagem eu me embrenhara na vida e obra de Francisco, uma história comovente carregada de mil episódios, pitorescos alguns, dramáticos outros. Durante a viagem deixei-me dominar pela emoção enquanto rememorava e evocava cenas e andanças do Pobre de Assis.

Saindo da cidade de Spoleto, abre-se um incomparável panorama, chamado precisamente vale de Spoleto. Depois de aproximadamente meia hora de trem, lá estava, inconfundivelmente, reclinada sobre o Subásio, Assis!

A estação de trem de Assis está a bem pouca distância (uns cem metros) da Porciúncula, epicentro e coração da vida e obra de Francisco. Entre a estação e o centro de Assis há uns cinco quilômetros. Essa distância o Irmão a percorreu talvez milhares de vezes, com seus pés descalços. Por esse caminho o trouxeram para morrer, porque ele assim o pedira, e, uma vez falecido, por esse mesmo caminho levaram seus restos mortais para a cidade.

* * *

Considerei privilégio e glória o fato de poder fazer esse percurso, não de táxi ou de ônibus, mas a pé. E assim o fiz, carregado com minhas malas. Causava-me uma emoção indescritível pensar que meus pés estavam pisando um caminho sagrado, enquanto surgiam aos borbotões em minha mente mil episódios do Irmão ocorridos nesse mesmo trajeto. Inesquecível manhã. Diante dos meus olhos luzia o Sacro Convento, recortado no azul, com o imponente Subásio como pano de fundo; e em minha mente ia renascendo e reverberando a sonhadora primavera da épica franciscana.

A tarde toda – a primeira tarde – passei-a diante do túmulo de Francisco, perdido num cantinho escuro para que os turistas não me distraíssem. Francisco não estava morto. Eu o ressuscitara; e, num cenário sem contornos, voltaram a se repetir em minha mente as peripécias do Irmão, suas andanças e sua luta pelo ideal evangélico de pobreza, humildade e fraternidade. Eu acompanhei Francisco; fizemos juntos o percurso, ocupando eu o lugar de Frei Leão. Conversava com ele, perguntava-lhe e, sobretudo, pedia-lhe ardentemente sua paixão por Cristo pobre e crucificado e seu sonho incandescente pela pobreza e humildade de coração.

* * *

No dia seguinte, bem cedo, quando a luz matinal começava a sorrir atrás das montanhas Sabinas, saí a pé na direção do eremitério de Carceri. É uma estrada ascendente de uns seis quilômetros. Havia decidido fazer todos os deslocamentos a pé em consideração e homenagem aos primeiros irmãos, companheiros de Francisco.

Lá chegando, o lugar já estava repleto de turistas. Que pena! Perdido entre turistas percorri as diversas dependências do pequeno convento com sabor de antigo eremitério. Porém, rapidamente abandonei aquele lugar, não sem certo aborrecimento, e confinei-me na mata, onde permaneci o dia inteiro. Passei grande parte do tempo em contemplação com o Irmão, evocando, revivendo cenas, conversando com ele, rezando juntos, como dois irmãos.

No terceiro dia, empreendi, também a pé, a peregrinação a São Damião. Os ciprestes do caminho estendiam sua sombra alongada sem pedir esmola, porém eu lhes retribuía com um obrigado, porque atenuavam o rigor do sol. Cheguei ao convento. Depois da Porciúncula, São Damião é o lugar mais memorável da história franciscana. Essa foi a primeira ermida, meio em ruínas, onde o jovem Francisco se retirava para rezar. Essa foi a primeira capela que Francisco restaurou com suas próprias mãos. Aqui compôs o cântico do Irmão Sol. Aqui viveu Clara de Assis durante quarenta anos, ao longo dos quais se realizou a primeira experiência da vida franciscana feminina. Aqui também se apagou a Dama de Luz.

Com enorme emoção e devoção passei ali o dia inteiro. Encolhi-me no canto mais sombrio da ermida diante daquele Cristo bizantino, durante muitas horas. Fui evocando, revivendo e fazendo presente a esplêndida carga histórica trancada entre aquelas paredes. Ajudei o jovem Francisco a restaurar a ermida pedra por pedra. Acompanhei o Irmão crucificado, quase cego, durante aqueles quarenta dolorosos dias do final de sua vida. Ecoou pela primeira vez em minha alma assombrada o Cântico das

Criaturas, que repeti tantas vezes durante esse venturoso dia.

Para mudar um pouco, saí do pequeno claustro para admirar o voo das andorinhas. Estremecia com suas alegres piruetas, suas audaciosas acrobacias, aquela rapidez de relâmpago com que se movimentavam, sua ternura materna ao alimentar os insaciáveis filhotinhos. Assisti também ao trânsito de Sor Clara, sempre com sua imutável serenidade, segurando fortemente entre as mãos a bula papal da aprovação da Regra, enquanto repetia: "Obrigada, Deus meu, por me criar".

* * *

Continuando minha peregrinação, cheguei ao eremitério de Le Celle, junto de Cortona, também com grande carga histórica. Os eremitérios eram os lugares onde Francisco se retirava por períodos para rezar em silêncio e solidão; e sempre estavam, e estão, localizados em elevadas alturas de onde, invariavelmente, se descortina um vale espetacular.

Passados ali dois dias, transferi-me ao eremitério de Montecasale, famoso pela história dos ladrões, e com as mesmas características panorâmicas. Em suas belíssimas matas e penhascos permaneci três dias. E de lá me dirigi ao sacrossanto monte Alverne.

O monte Alverne é um lugar solitário, selvagem, ideal para desenvolver uma existência eremítica e contemplativa, montanha povoada de abetos enormes, rochedos formidáveis e incontáveis pássaros, inclusive falcões. Avançando pela borda da montanha chega-se ao cume mais alto (1.300 metros), a cujos pés abre-se um panorama absolutamente glorioso. De um lado está a gruta ou cova onde Francisco normalmente dormia, junto a um precipício de rochedos cortados literalmente em vertical. Descendo por uma escadinha chega-se ao Sasso Grande, que, como uma mole imponente, cobre, a modo de teto, um espaço mais ou menos amplo para onde Francisco se retirava frequentemente para rezar.

* * *

Às vezes penso que nascemos desamparados, sem outra proteção a não ser a de outros desamparados. Porém, aqui aconteceu outra coisa: o Irmão abrira-me de antemão um caminho de fogo; e, não satisfeito com isso, agora estendia a mão para conduzir-me sempre para a frente e para cima.

Nessas seis semanas, minha comunicação, em geral, deveria ser com Jesus. Porém, nessa semana foi com Cristo pobre e crucificado, sempre em companhia do Irmão. Eu nunca sentira devoção especial por Cristo Crucificado, não sei por que, talvez porque sempre me produziu horror ver feridas ou sangue. Contudo, naquele lugar Francisco havia permanecido submerso nos abismos da dor e do amor do Crucificado e ali havia recebido as chagas como abrasadoras descargas elétricas.

Tendo lido e meditado a fundo, e conhecendo detalhadamente o que aconteceu ao Irmão nessa montanha da crucificação, acreditei que havia chegado o momento em que também começaria a sentir o desejo de experimentar em mim a dor e o amor que Jesus sentiu quando estava na cruz, participando assim, de alguma maneira, da experiência profunda do Crucificado, "tendo os mesmos sentimentos de Cristo Jesus". Também eu desejava ardentemente descer até os mananciais primitivos de Cristo Jesus, ali onde se fundem a dor e o amor, e assim viver a temperatura interior de Jesus nessas horas.

* * *

Todas as manhãs dedicava-me a meditar sobre as cenas da Paixão, lendo um Evangelho por dia. Ia *embrenhando-me* nas cenas, não só como observador, mas também como ator. Imaginava tudo vivamente: o semblante dos juízes, o gestual dos sinedritas, a atitude agressiva do populacho... e, sobretudo, a serenidade do rosto de Jesus, o tom mesurado de suas respostas... tudo isso como um reflexo da profundidade do seu amor.

Observei atentamente a covardia de Pedro, mas não o censurei, porque evocava minhas próprias covardias em contraste com o olhar de Jesus, um olhar indecifrável, cheio de ternura e misericórdia. Via Pedro sair para a escuridão da noite chorando amargamente. Deu-me muita pena.

Naquela noite de horror contemplei Jesus nas mãos da soldadesca: vilipendiado, açoitado, escarnecido. Não tirei os olhos em nenhum momento do rosto de Jesus: um rosto de majestade, de paz e de amor daquele que disse: "Os senhores não me arrebatam a vida violentamente, eu a dou voluntariamente". Por isso em seu rosto não distingui nenhum ricto de amargura, nenhuma agitação, apenas a serenidade daquele que se dá voluntariamente por amor. Anotava num caderno as cenas e palavras que mais me comoviam para aprofundá-las à tarde.

Observei-o em sua subida ao Calvário: parecia a aurora que sobe irradiando luz. Despedaçado, porém inteiro, como um cordeiro vestido de infinita paciência, revestido de uma beleza que só do outro lado pode vir.

Assisti à consumação. Uma palavra submergiu-me num mar sem fundo: "Tenho sede". Pedi ao Espírito que "ensina toda a verdade" que me mostrasse um pouco do que palpitava nos abismos insondáveis da temperatura interior de Jesus naquele momento, a saber: sofrer e amar, reduzir a dor a cinzas na pira do amor, levantar sobre o mundo um holocausto final em que a dor e o amor se fundiriam para sempre num abraço.

Enfim: a vida é mais fraca do que a morte; porém, a morte é mais fraca que o amor.

Foi uma semana muito elevada.

* * *

Em seguida me transferi para o vale de Rieti. Quatro eremitérios, como se fossem quatro sentinelas, emolduram e adornam o bonito vale: Poggio Bustone, Greccio, La Foresta e Fontecolombo. Em cada um dos três primeiros e sagrados lugares passei três dias. Em Fontecolombo seria diferente.

Nesse vale, um dos preferidos do Irmão, surgiria em mim um impulso vital que não me abandonou até este momento. Esse impulso esteve entreverado de fatores contraditórios. De um lado, naqueles dias, começou a mexer-se sub-repticiamente como um réptil em minhas galerias interiores uma suspeita que mais tarde tomaria a forma de vacilação, até concretizar-se em uma aberta hesitação.

A dúvida era se eu estaria ou não corretamente situado, instalado no lugar acertado quanto ao gênero de vida e de vocação.

Até que ponto as aspirações profundas são sinal da vontade de Deus? Não poderia tratar-se de misteriosas transferências ou mecanismos compensatórios de frustrações desconhecidas em níveis também desconhecidos? Estou ou não no lugar correto?

Por outro lado, e a partir dessa época, foi ascendendo em mim, a partir dos níveis inferiores, uma comichão que, aos poucos, se transformaria em uma forte propensão, até alcançar, em alguns momentos, níveis obsessivos. Alguma coisa dentro de mim me empurrava para a vida eremítica. Gostaria de viver toda a vida em silêncio e solidão, não como um anacoreta solitário (e por que não?), mas no estilo do Irmão Francisco, nos altos eremitérios, três ou quatro irmãos, todos eles dedicados exclusivamente à oração e à contemplação.

Sonhei, inclusive, com a vida trapista. Ao longo desses vinte e sete anos passei períodos em quatro mosteiros trapistas da Espanha. Ficava muito à vontade, porém sentia falta do Irmão Francisco.

O anseio secreto, nascido em mim em 1970, nunca me abandonou até hoje. Porém, na época em que o anseio era mais persistente, lá estava o Pai, imprevisível, esperando-me uma vez mais, com um golpe de timão que jogaria por terra todos os meus sonhos, como veremos.

NOITE

Um dos eremitérios que mais almejava visitar era Fontecolombo, lugar sagrado, carregado de história, onde o Irmão escreveu a Regra em meio a agitadas crises.

Cheguei ali pela manhã, e à tarde do mesmo dia fui atacado por um ladrão noturno. Como chamá-lo? A Noite.

Anteriormente, lera e estudara as experiências ou os fenômenos espirituais descritos dramaticamente por São João da Cruz, que ele denomina *noite escura do espírito*; porém, outra coisa é experimentá-los na própria carne. O que eu vivi naqueles dias eternizados, melhor dizendo, infernais, está amplamente espalhado em vários dos meus livros. Todavia, vou deixar aqui alguns detalhes, mais uma vez em linguagem figurada.

Todos os tratados da psicanálise não chegam nem ao umbral do mistério e ficam ultrapassados todos os parâmetros da psicologia geral. O barco faz água por todos os lados, e estamos em alto-mar. Não se vê nada. Não se vê nada ou não há nada?

O fato é que, naqueles intermináveis dias, não somente não sentia nada, não somente tudo me chateava e até me repugnava, mas até poderia repetir como Jesus na crise do Getsêmani: "Sinto a tristeza da morte". Deus está tão longe, tão ausente, que nem sequer sei se existe, nem me interessa. Entramos, pois, na região tenebrosa do nada.

* * *

É como se descobríssemos, de repente, que nós mesmos somos uma mentira, que brincamos de mentir para nós mesmos, como numa brincadeira de crianças de quem engana quem, sabendo que todos enganam todos. Melhor dizendo, seria um desdobramento de personalidade, como se descobríssemos que temos estado enganando aos outros (mas esses outros somos nós mesmos) e os outros estiveram nos enganando, e as duas partes sabem que enganam e são enganadas.

Pegamos o trem sem direção que se dirige a lugar nenhum para percorrer todas as paisagens da evasão. De dia e de noite nos chegam os gritos que, do vazio, nos lançam os fantasmas, e nos encontramos situados abaixo dos níveis do absurdo e da tragédia.

E aqui nos assalta um novo e trágico desdobramento entre o sentir e o saber: o sentir pretende enganar o saber; e o saber, sabendo que queremos enganá-lo, pretende, por sua vez, convencer e enganar o sentir num circuito alucinante. O sentir diz: é tudo mentira. O saber diz: é tudo verdade.

É a treva absoluta. Chega um momento em que o único alívio e saída que resta é morrer. É a crise do absurdo e da contradição. Não existe noite que se lhe possa comparar. "Tempestuosa e pavorosa noite", diz São João da Cruz. A pessoa pode se arrepender de ter conhecido Deus. Para falar de uma maneira ilustrativa, a pessoa pode chegar a sentir-se cansada de Deus, dizendo: quem dera nunca o tivesse conhecido.

* * *

A alma sofre tamanho desconcerto interior que nem mesmo percebe que o que está acontecendo é por causa de Deus. Mais exatamente, tem a sensação de que tudo ocorre por uma fatalidade irracional, que Deus é nada, que fomos assaltados e dominados irremediavelmente por uma tempestade de demência, por um repentino acesso de paranoia e delírio. Nos primeiros momentos nos sentimos como que arremessados num louco torvelinho, com muitas das características de uma profunda depressão, inclusive com derivações somáticas, como insônia, dificuldade para respirar, sem nenhuma referência a Deus.

Deus, nesses momentos, produz tédio à alma, porém, apesar disso, ela necessita invocá-lo aos gritos; mas, ainda assim, não há nem um pingo de consolo.

* * *

Entretanto, com o passar dos dias, a tempestade começou a amainar, comecei a pensar, a título de consolo, que o que estava vivendo era um prolongamento da agonia do Getsêmani que, numa noite escura, se apoderou momentaneamente da alma de Jesus, e eu estava participando daquela depressão crítica de Jesus. Tinha bem presentes os preceitos de Jesus: manter-se acordado, rezar, velar junto de Jesus, com Jesus, mesmo que minha alma esteja desgarrada.

No oitavo dia já podia respirar. Comecei a fazer atos contínuos de abandono. Mesmo assim, não havia consolo. No nono dia tinha de me ausentar necessariamente. Sentia horror de sair ao mundo e não sabia por que; mesmo assim, pulei para a vida. Sentia-me como um bosque de carvalhos depois de uma tempestade: tremendo, traumatizado. Continuei sentindo durante muitos meses um escuro temor de que aquilo voltasse a se repetir. Porém, nunca mais se repetiu; e isso aconteceu há vinte e sete anos. Com o passar de muitos meses fui voltando à normalidade.

CAPÍTULO 5

Naquela altura eu era feliz; digamos, estava satisfeito com a vida, com alguns objetivos claros e um trabalho definido. Não me passava pela cabeça que pudessem produzir-se maiores alterações à minha volta; sentia-me como que ancorado em uma tranquila enseada. Apenas almejava ser uma árvore em cujos galhos cantasse o vento e em cujas folhas dançasse o Sol, e assim respirar à sombra do Altíssimo até que caísse o pano.

Entretanto, a partir daquele momento tudo estava por começar; o Pai me abriria uma porta atrás de outra, de surpresa, como sempre. Continuei por dois anos minhas atividades normais no Centro Franciscano, participando de inúmeros encontros nacionais e internacionais, ministrando semanas de renovação, colaborando com os *Cadernos Franciscanos de Renovação*, revista de reflexão e difusão franciscana que estava alcançando muito prestígio na esfera franciscana. E, sobretudo, estudando e estudando.

ESCRITOR

No ano de 1972 dediquei-me durante um semestre a dar cursos de renovação conciliar nos mosteiros das capuchinhas do México. Com a bagagem de observações e claridades acumuladas durante esses meses redigi um amplo escrito, no qual, a partir de minhas próprias observações, desenvolvia e propunha, como minuta, um esquema de renovação para as instituições contemplativas.

O Padre Lázaro Iriarte, que fora meu professor muito estimado durante meus anos de estudante de Teologia, assim que leu o meu trabalho aconselhou-me a ampliá-lo sem cortes para sua difusão entre as religiosas contemplativas.

Comecei o trabalho. De fato, fui ampliando-o; continuei escrevendo e escrevendo até que resultou... num livro: *Mostra-me o teu rosto*. Assim iniciou-se a minha etapa de escritor, tardiamente, aos 45 anos, por acaso, que é o nome secular da Divina Providência.

Olhando retrospectivamente, e como do voo de um pássaro, fui observando muito claramente a rota ziguezagueante e inesperada pela qual o Pai me foi conduzindo: uma vez que eu havia atravessado a etapa da tribulação e da consolação, realizado uma terapia intensiva de purificação, acumulado a sabedoria da experiência e dispunha de alguma riqueza para compartilhá-la com os demais, o Pai começou a abrir-me as portas e oferecer-me oportunidades.

Não tendo sido um aplicado estudante de Teologia, naqueles cinco ou seis últimos anos havia mergulhado a fundo na Teologia divina e nas Ciências Humanas. Estava preparado. No entanto, *Mostra-me o teu rosto* não foi outra coisa a não ser uma sistematização organizada e ampliada da minha própria experiência com Deus nas retiradas frequentes e profundas, havidas nos últimos seis anos, como já expliquei nas páginas anteriores.

AVENTURAS E DESVENTURAS

Entretanto, a redação e edição de *Mostra-me o teu rosto* não foi um empreendimento tão simples e descomplicado. À medida que escrevia percebi que o material estava ficando volumoso demais. Não tinha um esquema preestabelecido, apenas ia entregando ao papel, mais ou menos ordenadamente, o borbotão de intuições e experiências vividas no lustro anterior. A certa altura, vendo as dimensões do trabalho, comecei a ser acossado por um esquadrão de interrogações.

Não estaria me expondo ao ridículo escrevendo um grosso volume, ainda mais de espiritualidade, em uma época em que o espiritual não estava precisamente em voga? Essa tentativa não será audaciosa ou temerária demais? Que editora vai se arriscar a editar um livro de espiritualidade, de um autor completamente desconhecido? E como custear essa edição? E se, depois de tantos riscos, o livro não tiver uma boa acolhida? Essas interrogações me paralisaram mais de uma vez, e em três ou quatro oportunidades parei de escrever. Era o ano de 1973.

O fato é que, em meio a esse mar de vacilações, finalmente completei a obra. Porém, agora precisava enfrentar-me com o desafio mais temível: como financiar a edição? E com que editora? Quando um autor já alcançou a fama, todas as editoras disputam seus originais (também viria a ter essa experiência posteriormente); porém, a *obra-prima* de um autor desconhecido em princípio não interessa a nenhum editor.

As editoras nem sequer se deram ao trabalho de solicitar os originais para examiná-los. Apenas lhes interessa a resposta do público leitor, ou seja, o sucesso de vendas do livro; mas isso não se pode saber até que o livro esteja nas prateleiras das livrarias. Entretanto, ninguém quer se arriscar.

E não me restou outra saída, pobre de mim!, a não ser ir de porta em porta à procura de um editor benevolente. E as portas não se abriam. Porém, como sou persistente, não me dei por vencido e continuei mendigando.

Finalmente, cheguei a uma minúscula gráfica de umas freirinhas, as quais, de pura boa vontade, dedicavam-se a editar folhas paroquiais e outros impressos menores. Eu era um desconhecido também para elas naquela oportunidade, e tampouco elas queriam se arriscar. Entretanto, como eu continuava insistindo, como se costuma dizer, quase de joelhos, a irmãzinha que estava na direção da gráfica sucumbiu à compaixão e aceitou editar o livro.

* * *

Porém, nem tudo terminava aí. Restava o problema de fundo. Quem subvencionaria a edição? Naquele tempo o Chile passava por sérias dificuldades; a inflação era muito alta. Com apenas 500 dólares o livro seria editado, mas a nossa comunidade não os tinha.

Nessa época desloquei-me até Lima para ministrar cursos de renovação para várias comunidades religiosas, entre elas as capuchinhas contemplativas. Aconteceu que essas irmãzinhas haviam acabado de vender alguns bens imóveis no centro da cidade, que pertenciam a elas desde tempos imemoriais; portanto, elas estavam com dinheiro em caixa naqueles dias. Ao terminar a semana, as irmãs interessaram-se por meus projetos, sobre os quais lhes dei uma pormenorizada informação, incluindo, naturalmente, os problemas e apuros que naquele momento estava atravessando para editar meu livro.

Também elas se compadeceram e me ofereceram 400 dólares, os quais não dispunham naquele momento, mas poderiam enviá-los dali a uma semana através de uma jovem postulante que deveria viajar ao Chile para fazer seu noviciado em Santiago.

O fato é que essa espertinha postulante, quando se viu com semelhante capital nas mãos, desapareceu, e nunca mais se soube dela.

Abatido e triste, regressei à minúscula gráfica de Santiago para informar a diretora de minhas desventuras e infortúnios. Uma vez mais, a diretora sucumbiu à compaixão e me prometeu editar o livro de qualquer jeito, na esperança que a dívida seria liquidada com a venda de exemplares.

Em abril de 1974 foi publicado *Mostra-me o teu rosto*, com uma tiragem de nada menos que 5 mil exemplares. No final do ano a edição estava esgotada, e isso só no Chile! Na data em que hoje nos encontramos (1997) já se lançaram mais de cem edições de uma versão revisada do citado livro.

ENCONTROS DE EXPERIÊNCIA DE DEUS

Era o ano de 1974. Eu estava em São Paulo (Brasil) ministrando aos irmãos cursos que se denominavam *Semanas de fraternidade e oração*. Afirmei incansavelmente que sem Deus não pode haver fraternidade.

Naquela época, eu me sentia angustiado por uma constatação: a ausência e desvalorização de Deus em amplos setores da Igreja latino-americana, sobretudo no âmbito religioso e clerical, em comparação e contraste com a supervalorização da dimensão humana, psicológica, política e social do Evangelho. A secularização alcançava tal profundidade que, na realidade, poderia falar-se de um ateísmo prático; pelo menos, de fato, prescindia-se de Deus, e é claro que, nesse contexto, a oração estava completamente fora de circulação.

Mostrei aos irmãos uma terrível radiografia, explicando-lhes que as leis universais do coração são: procurar o agradável e rejeitar o desagradável, simpatizar com o encantador e entrar em choque com o antipático, amar o amável e aborrecer o insuportável. E continuava perguntando-lhes: como será possível colocar perdão onde o instinto reclama vingança? Quem poderá colocar suavidade onde o coração exige violência, e doçura onde há amargura?

Sem Deus não pode haver fraternidade. Para que haja fraternidade é imprescindível inverter primeiro as velhas leis do coração e realizar uma revolução nos impulsos espontâneos do homem. Quem fará essa revolução? Alguém que venha de fora e se instale no coração: Jesus Cristo.

Somente Jesus Cristo pode causar uma satisfação tão grande que compense o custo de ter de morrer para amar. Somente agarrados a um Jesus Cristo vivo é possível engolir a saliva, calar-se, ceder, deixar passar, ter paciência... Podem esquecer, dizia-lhes: sem Deus apenas amaremos a nós mesmos, dando rédeas largas a todas as tendências regressivas e agressivas do coração. E concluía dizendo: seria mais lógico chamar esta semana de *Semana de oração e fraternidade*.

Foi então que o Padre José Carlos Pedroso, organizador dos eventos, lançou-me publicamente este incisivo desafio: não seria possível realizar uma semana exclusivamente de oração? Uma semana em que o irmão se limitasse a falar de Deus e os ouvintes a falar com Deus?

Dito e feito. Certamente, eu estava em condições de falar de Deus durante uma semana, porque acabava de concluir um ordenamento de ideias para escrever o livro; havia revestido de carne minhas próprias intuições e explicitado minhas vivências e estudos. Estava preparado.

Imediatamente estruturei alguns objetivos, um temário, uma pedagogia, elaborei um cronograma. Na semana seguinte reuniu-se uma vasta congregação de irmãos e irmãs; e foi assim que veio a se realizar o primeiro *Encontro de Experiência de Deus* (EED), que recebeu esse nome desde o primeiro instante.

Tratava-se de introduzir os participantes em uma experiência de Deus, de aprender a ficar com Deus, porque com Deus tudo é diferente, já que com ele os problemas começam a se solucionar por si. Cada encontro tinha a duração de uma semana.

Na semana seguinte, a Conferência de Religiosos de São Paulo organizou o segundo EED, que contou com uma assistência em massa, em completo silêncio e com uma intensa atividade de oração.

A partir dessa data surgiram à minha volta equipes organizadoras, no começo religiosas, que promoveram e organizaram os encontros por todo esse imenso país que é o Brasil, onde trabalhei ao longo de quatro anos praticamente ininterruptos, com uma assistência majoritária de consagrados no início, sobretudo religiosas, e com o tempo passando a ser quase exclusivamente de leigos.

OBJETIVOS E CONTEÚDOS

Algumas pessoas diziam: não há nada de novo, porém tudo soa diferente. Conforme a opinião dos assistentes, o encontro gerava uma atmosfera peculiar; um ambiente, um clima feito de silêncio e interioridade, que levava os assistentes a uma grande abertura consigo mesmos e com Deus.

Em muitos participantes se desencadeia uma grande libertação como efeito de uma experiência do amor gratuito de Deus, da prática do abandono, bem como de outros elementos constitutivos do encontro, como a introspecção, a concentração, o relaxamento. A música constitui um apoio adicional importante para favorecer um ambiente de interiorização e fé. Os horários, apertados e exigentes, em vez de constituir um obstáculo, acabam dando aos participantes a satisfação do esforço realizado. A variedade do programa quebra a monotonia, sem causar cansaço.

Ao longo da semana, o participante do EED consegue aceitar com tranquilidade os condicionamentos humanos de indigência, insignificância e precariedade, e com isso desaparecem a ansiedade e a angústia. O sol que preside e resplandece na semana é o amor gratuito do Pai, sob cuja luz desaparecem as obsessões de culpa, o medo é banido, a angústia sepultada, e sobre o participante amanhecem a alegria, a paz e a liberdade.

Em resumo, um EED é um conjunto peculiar de mensagens e práticas com as quais se fortalece a fé mediante a Palavra e realiza-se uma enérgica cura pela vivência do abandono, os assistentes tornam-se amigos e discípulos do Senhor através de diferentes maneiras de rezar, e assim regressam à vida fortes e alegres para entregar-se generosamente, como Jesus, ao serviço dos necessitados. É preciso colocar a ênfase na palavra *experiência*, pois fundamentalmente é disso que se trata: viver um encontro com Deus de uma maneira vital, variada e intensa.

ESTATÍSTICAS

Eis aqui um resumo sucinto: foram vinte e quatro anos ininterruptos aplicando EEDs em 29 países de três continentes, com uma média de 35 encontros anuais e uma assistência média de 250 pessoas por semana.

O número de encontros por ano, bem como de participantes, foi sempre variável: houve anos em que cheguei a ministrar 45 encontros por ano, enquanto em outros anos não passou de 25 ou 30. A assistência nunca foi menor do que cem pessoas, sendo que o habitual era de várias centenas. Os EEDs na Espanha, por exemplo, nunca ultrapassaram as 200 pessoas, em geral pela dificuldade de encontrar locais adequados, enquanto em Fátima (Portugal) alcançou-se a cifra recorde de 800 participantes, quando o habitual era de 600/700 assistentes.

Nos últimos anos, o número de encontros ministrados por mim caiu consideravelmente, em razão das limitações que a idade e alguns problemas de saúde foram impondo. Por esse motivo, no final do ano de 1993 preparei diligentemente 45 casais de diferentes países, entregando-lhes a mensagem e os conteúdos dos encontros, para que eles os ministrassem. Atualmente isso está sendo feito em muitos países com muito espírito apostólico e grande competência.

Para que o resumo estatístico se complete corretamente, estou me referindo aos primeiro vinte anos de EEDs. Nos últimos quatro anos ministrei entre seis e oito encontros, dirigidos mais exatamente aos Guias de Oficinas de Oração e Vida.

Em contrapartida, introduzimos o sistema de Jornadas de Evangelização em massa e palestras cristológicas e para matrimônios.

* * *

O que afirmarei a seguir poderá parecer exagero, mas foi assim que aconteceu: as muitas centenas de EEDs realizados ao longo destes vinte e cinco anos funcionaram sempre com assistência plena, do princípio ao fim. Nunca houve lugares vazios. Poderíamos relatar cenas pitorescas dos primeiros anos, em que chegavam às casas de retiro caminhões carregados de colchões, e os participantes se instalavam da maneira que podiam em qualquer canto, dispostos a suportar com amor qualquer sacrifício ou desconforto.

Nos anos mais recentes, quando todos os participantes já eram leigos, foram realizados lindos EEDs em grandes hotéis, quase sempre em ótimas condições de acomodação.

* * *

Nos últimos anos, à medida que ia depositando o estandarte dos encontros nas mãos dos *Casais Evangelizadores*, realizava outras tarefas apostólicas, com vistas à promoção das oficinas.

Primeiro foram as *Jornadas de Evangelização*. São jornadas intensivas e prolongadas, de aproximadamente oito horas de duração, aos sábados. Essas jornadas são realizadas em recintos amplos, como ginásios e estádios, com uma assistência em geral superior a três mil pessoas; não poucas vezes entre cinco e dez mil. Não existe propriamente um temário fixo, e tanto eu quanto a assistência damos um mergulho no mar de Deus, um verdadeiro banho no divino, recuperando o encanto de Deus e a alegria de viver.

Não deixamos de fazer uma vibrante e agradável proclamação ao Senhor Jesus, tudo isso colorido com música e cânticos, e, conforme nosso estilo, reduzindo todos os ensinamentos a propostas concretas e práticas para a transformação vital.

* * *

No decorrer da semana, em dois dias consecutivos e ao anoitecer, ministramos palestras matrimoniais, destinadas exclusivamente a casais, marido e mulher ou noivos, com duração de duas horas. Da mesma forma, em outros dois dias da semana e com a mesma duração, ministramos palestras cristológicas, para qualquer público, em locais com capacidade para aproximadamente duas mil pessoas, que é o número habitual, em geral, de participantes desses dois eventos.

Estou escrevendo estas páginas após chegar de uma longa viagem de quatro meses ao México, na qual em várias cidades se alternaram Jornadas de Evangelização e palestras, com uma assistência total de 110 mil pessoas, entre as quais 15.800 casais. Em algumas ocasiões dou também palestras para sacerdotes. Tudo isso contribui para promover e consolidar as Oficinas de Oração e Vida.

CANSAÇO, ROTINA

Incontáveis vezes me fizeram a seguinte pergunta: como não se cansa com um ritmo de atividade tão intenso e tantos deslocamentos de uma cidade para outra? Com o transcorrer dos anos vem se operando em mim, quase invariavelmente, o seguinte fenômeno: no mesmo instante em que termina um encontro e cai o pano, gera-se dentro de mim, como uma espécie de recurso automático, uma descida vertical parecida com uma queda de pressão, como se estivesse abatido e derrubado pelo cansaço. Qualquer pessoa que me observasse nesses momentos pensaria que estou fora de combate. Passam-se 24 horas e sinto-me novo, com todas as energias recuperadas e com disposição para iniciar o encontro seguinte como se o fizesse pela primeira vez, e assim semana após semana. Sem dúvida, trata-se de uma capacidade especial de recuperação que o Pai me concedeu.

Outro fenômeno também acontece comigo, que geralmente se produz ao entardecer. Nesses momentos frequentemente sinto-me verdadeiramente "acabado", sem disposição para pronunciar uma palavra. Chega a hora da exposição doutrinal mais importante do dia e me invade uma indisposição insuportável. Começo a exposição, e poucos minutos depois já me sinto normal e, de maneira imperceptível, vou levantando o tom até chegar ao vértice mais vibrante de inspiração. Como vou explicar isso? Não sei. Fatores psicossomáticos? Quem pode garantir? Sem dúvida são, mais uma vez, atuações fora de série do Pai amado.

* * *

De qualquer forma, é necessário fazer uma diferenciação: existe um cansaço que incide na garganta, nos pulmões, no coração. Porém, pode existir outro tipo de cansaço que tecnicamente poderíamos qualificar como fadiga mental, cujos sintomas costumam ser um descontrole nervoso, insônia, falta de apetite, abatimento generalizado e profundo, tudo o que hoje identificamos com a palavra *estresse*. Se isso tivesse acontecido comigo, teria sido completamente impossível continuar com o ritmo de trinta ou quarenta semanas contínuas e com grupos tão numerosos. Porém, tampouco me visitou esse tipo de cansaço. Às vezes tenho a sensação de que o Prodigioso tem-me mantido de milagre em milagre por longos anos.

Existe, no entanto, um fenômeno que supera todas as normalidades psicológicas e todos os parâmetros humanos:

a rotina. Em que consiste? Tudo o que se repete fica gasto; o que está gasto, cansa; o que cansa, perde a novidade e o interesse. É uma lei universal que incide sigilosamente em todas as atividades humanas, em todas as profissões ou instituições...

Centenas de semanas transmitindo a mesma mensagem, ainda que usando expressões diferentes; com públicos semelhantes; sempre o mesmo horizonte; idêntico programa... não é possível! Uma pessoa normal inevitavelmente acaba caindo na monotonia, no aborrecimento, no tédio, na impotência, na fadiga mental; enfim, na rotina.

É difícil de acreditar, porém estou em condições de afirmar diante do céu e da terra que quando dou início a um novo encontro, mesmo que o tenha feito quinhentas vezes, faço-o como se fosse a primeira vez: a mesma novidade, entusiasmo e paixão. Tudo é novo para mim. E não é só isso; cada meditação ecoa em meu coração como se fosse a primeira vez.

CONTRA A CORRENTE

Foram vinte e quatro anos loucos, pulando de um país para outro, de um continente para outro, sempre cercado de multidões, aclamado, quase transformado num mito. Qualquer um poderá pensar que me sentia realizado, pletórico, afortunado. No entanto, os leitores vão ter uma grande surpresa se lhes disser que nunca me senti bem nesse torvelinho.

Digo mais: não fui eu que escolhi essa vida. Simplesmente deixei-me levar, e de má vontade.

Minhas aspirações mais profundas caminhavam em outra direção, os anseios de minha alma eram outros. Como o oriente dista do ocidente, assim era a distância entre a vida que levava e a que desejaria levar. Sempre me senti melhor na solidão do que no tumulto; melhor desconhecido do que aclamado; melhor como um ermitão do que como um pregador itinerante.

* * *

Quantas vezes desejei e sonhei que o Senhor, com sinais inequívocos, me dissesse: "Basta, paramos aqui!". Só para citar um exemplo, dizia-me, quando começar a diminuir a assistência aos encontros, quando nas casas de retiro começar a haver lugares vagos... será o sinal do "basta" do Pai; e ardentemente desejei que isso acontecesse (e não porque me sentisse cansado); mas, enfim, não aconteceu, foi exatamente o oposto: a demanda era cada vez maior, e tive de continuar.

Não sinto nenhuma emoção, nenhuma satisfação perceptível pelos resultados brilhantes, pela aclamação das multidões ou pelos elogios. Tudo isso me deixa frio. Porém, é o próprio Deus que me abre as portas e coloca atrás de mim correntes caudalosas de pessoas famintas de Deus; e não me resta outro remédio senão lançar-me à corrente e embrenhar-me no fragor das multidões, contra os meus gostos e inclinações, e, ai de mim se não o fizer!

Também a mim, como ao profeta Ezequiel, Alguém pegou pelo cabelo, levantou pelos ares e conduziu à correnteza tumultuosa onde se joga o destino dos homens, e ali me deixou no meio das bravas correntes. E não sei quando vai me tirar.

De qualquer maneira, não posso sair do seu leito até colher o cereal para os famintos e espremer os melhores bagos para dar de beber aos sedentos.

PAIXÃO E DRAMA

Cada encontro é único e inédito, e ainda que tenha se repetido centenas de vezes, cada encontro é uma nau, com sua singularidade, drama e características; conduzi-la ao porto da salvação com seu fruto maduro e o trigo dourado constitui uma empresa sempre arriscada e original.

Cada semana era uma subida por escarpas pedregosas, e para mim nunca deixou de ser paixão e morte.

Há os que chegam ao encontro inteiramente dominados pela atrofia espiritual: põem-se a rezar e sentem que estão jogando palavras ao vazio, como se não tivessem um interlocutor. Outros chegam abatidos por graves problemas, torturados por feridas recentes, apanhados em mecanismos de defesa ou presos nas garras da angústia. Sofrem tanto... Há os que chegam num estado normal e bem dispostos, porém logo experimentam pesadamente as dificuldades típicas de adaptação, porque a programação não deixa de ser dura e exigente; além do que, também para mim, o primeiro dia, via de regra, é por si só bastante cansativo.

Há os que não conseguem entrar no espírito do encontro ou só o fazem no final. Não se sabe se é uma questão de vontade ou se trata desse misterioso entremeio entre a graça e a natureza, ou simplesmente daqueles imponderáveis intrapessoais. Eu percebia a situação uma e outra vez e a sofria em minha própria carne.

Finalmente, nunca faltam, apesar de serem poucos, aqueles que definitivamente não se encontram com Deus e retornam às suas casas da mesma forma ou pior do que quando saíram. Não resta outra saída a não ser entregá-los nas mãos do Pai e ficar em paz.

* * *

Posso afirmar, sem intenção de dramatizar, que cada encontro é de fato um drama. Quantas vezes pude constatar o contraste entre a impotência humana e a onipotência da graça. É que a graça não pode ser manipulada: qualquer um gostaria de resolver a situação agora mesmo, mas, ao que parece, a hora de Deus não era agora.

Existem grupos que são uma delícia do começo ao fim, por sua resposta pletórica. Existem outros que prometem muito à primeira vista; porém, passam os dias e os resultados não são proporcionais às promessas. Dentro da enorme variedade de reações humanas, tanto em nível pessoal como coletivo, o caso mais frequente é o dos grupos frios e resistentes à entrada, repletos de dificuldades e apreensões. Nesses casos, é preciso tirar os registros mais agudos, pôr em jogo todo o tipo de recursos humanos e divinos, elevar ao máximo a temperatura, e o grupo acaba se entregando, incondicionalmente, até com lágrimas nos olhos. Que maravilha.

* * *

Devido às limitações da vida, nos últimos anos fui diminuindo a intensidade do acompanhamento dos grupos, bem como da atenção individualizada. Porém, durante muitos anos, acompanhava com alta tensão o andamento dos grupos e de cada pessoa, porque em qualquer tempo livre atendia pessoalmente a todos os participantes dos encontros que o solicitassem.

Todas essas alternativas sofridas, padecidas e compadecidas por mim ("quem sofre que eu não sofra?"), implicavam o peso de uma responsabilidade que, no final, era o peso da solidão. Estamos ali para solucionar os problemas dos outros e consolá-los, mas e a nós, quem consola? Sem Deus, não resta alternativa a não ser estourar.

Enredado numa aventura não procurada, incapaz de enxugar tantas lágrimas, assediado com frequência pelo desânimo e pela impotência, e, inclusive, pela desolação, como não desejar ver essa aventura chegar ao fim? Não restava outra saída a não ser fechar os olhos, recostar a cabeça em suas mãos e... dormir.

CONDICIONAMENTOS LIMITANTES

Número. Não resta dúvida de que o número de assistentes dos EEDs era excessivo, para não dizer exorbitante. Por exemplo, uma assistência semelhante para os Exercícios Inacianos seria aberrante e impossibilitaria qualquer projeto. Porém, se levarmos em conta a estrutura e a metodologia dos encontros, a coisa torna-se diferente.

Mesmo assim, em inúmeras ocasiões decidimos tomar algumas medidas para limitar o número de participantes, porém as demandas eram tão numerosas e prementes... Mais de uma vez me coloquei em sua presença para perguntar-me: o que Deus está querendo dizer com este fenômeno? Qual é a sua vontade? E do alto vinha uma claridade: ao que parece foi ele que me colocou nesta encruzilhada.

Naquela época, os sacerdotes e religiosos haviam experimentado um profundo esvaziamento da dimensão divina que, pelo menos em muitos casos, reduzira ao mínimo o espaço existencial para Deus.

Era o momento justo e urgente de gritar e proclamar sem atenuantes o absoluto de Deus: desde sempre e para sempre *Deus é*. Sem Deus, nada tem sentido. Com Deus tudo é diferente. Que sentido pode ter um homem de Deus sem Deus? Num primeiro momento eu não tinha um objetivo explícito nem um esquema claro. De maneira impulsiva e escura sentia-me chamado a afirmar a primazia de Deus. Permitindo-me uma expressão um tanto pretensiosa poderia dizer que eu me propunha a *defender* Deus.

Conclusão? Nesse momento em que parecia que estávamos diante de um eclipse de Deus, bem-vindas sejam o maior número de pessoas possível para lembrar-lhes uma verdade eterna: "Escute, Israel, não existe outro Deus além de Javé Deus"!

* * *

Autoritário? Como é possível manter 500 pessoas durante seis dias em completo silêncio e em alto nível de concentração? Quem não tiver assistido a um encontro dificilmente poderá imaginá-lo.

Pior ainda: na década de 1970, esse tipo de retiros não só eram incomuns, mas no contexto pós-conciliar pareciam ainda menos indicados.

Depois do Concílio começaram a organizarem-se inúmeros congressos, jornadas de estudos, retiros abertos, cursos de Psicologia..., nos quais tudo se reduzia a mesas-redondas, reflexões em grupo, propostas em comum.

Em meio a essa algazarra, apareço eu exigindo terminantemente silêncio e concentração. Era demais. Como conseguir esse clima? Nos primeiros anos meu nome adquiriu uma auréola de mito, e muita gente acorria aos encontros por curiosidade.

Logo nos primeiros momentos eu me encarregava de desfazer esse mito. Inicialmente, adotava diante da assistência uma postura distante e exigente, com ares de feio temporal, sem concessões para a galeria. Tudo aquilo causava nos assistentes uma impressão negativa, deixando-os com um gosto ruim na boca. Porém, dessa forma o público tomava consciência de que por mim não valia a pena estar lá. Contudo, não era uma atitude premeditada, mas instintiva. O fato é que no primeiro dia eu sentia os assistentes como se estivessem contra mim. A partir do segundo ou do terceiro dia os participantes começavam a se entregar.

* * *

Quando a assistência se mantinha dispersiva e distraída, eu não hesitava em puxar o registro forte, com ares de Sinai, com prenúncio de ameaça, agora sim, autoritariamente.

No mais é preciso considerar que em minha personalidade há carências e vazios. Eu não serviria de jeito nenhum para político, menos ainda para diplomata. Não tenho o cuidado de me sair bem ou mal. Não movo um dedo para agradar os ouvintes. Digo o que acredito que devo dizer sem concessões, sem atenuantes.

Com relação ao convívio privado, tampouco tenho qualquer encanto pessoal; não tenho o carisma de causar agrado. Sinto que as pessoas que entram em contato comigo pela primeira vez não ficam com um gosto bom na boca. Não tenho nenhuma simpatia.

Além do mais, sou notadamente tímido (esse é, me parece, o motivo de não causar uma boa impressão) e bastante retraído. Tudo isso contribui para que eu não tenha maior encanto pessoal.

Minha memória é terrível, especialmente para nomes. De repente, chega perto de mim a pessoa mais amiga do mundo e não lembro o seu nome. Resumindo, valho bem pouco. Porém, não me envergonho disso, tampouco mantenho qualquer tipo de hostilidade para comigo mesmo, por menor que seja. Estou satisfeito de ser como sou. Estou em paz comigo mesmo.

O Pai me apontou um destino e para cumpri-lo totalmente dotou-me de uma personalidade estruturada com algumas poucas qualidades e muitas carências. Foi o melhor. Está tudo bem.

* * *

Hostilidade? Aquele que se meter num campo de batalha não vai receber feridas? Onde está o homem que, colocado num plano elevado, não se transforma em alvo fácil dos disparos daqueles que estão na planície? O "ai" dos vencidos facilmente pode converter-se em "ai" dos que triunfam.

É uma história velha e sagrada que retorna e se repete ciclicamente: o Enviado transforma-se rapidamente em destinatário das pedras, aguilhões e todo tipo de insultos; é arrastado pelas ruas, escarnecido e, finalmente, entregue à cruz.

Eu apenas fui um profeta menor, porém também fui objeto de contradições, incompreensões, meias verdades, especialmente nos dez primeiro anos. Por certo, tudo isso dorme desde muito tempo na região do esquecimento.

Além do mais, muitas daquelas críticas eram razoáveis e me ajudaram a amadurecer, polir temários e programas. As únicas críticas que me incomodavam eram as que procediam daqueles que não haviam assistido aos encontros nem haviam lido meus livros. Falavam *a priori*, guiados apenas por preconceitos. Entretanto, devo reconhecer que, em geral, e do seu ponto de vista, não deixavam de ter razão em muitos aspectos.

* * *

De fato, nos primeiros anos eu pecava por verticalismo (pela lei das compensações), porque o mundo clerical e religioso pecava, acreditava eu, por horizontalismo, bastante radical, por certo. Era um conjunto alarmante, eu achava, de sociologismos, psicologismos, secularismos e temporalismos. Nesse contexto, para muitos Deus era pouco mais que pura abstração.

Devo reconhecer que, como um novo Judas Macabeu, desembainhando a espada, eu arremetia com fúria sagrada contra todos os ídolos que, com diferentes nomes, erigiam-se substitutos de Deus. Levantava a voz, como um novo

Jeremias, contra todas as tentativas de reduzir o mistério vivente e pessoal de Deus a uma porção de abstrações.

Dolorosamente eu tinha consciência de ter sido colocado num agitado torvelinho, na dura alternativa de ser a consciência crítica da situação espiritual daqueles anos; queria garantir a Deus um espaço existencial na vida sacerdotal e religiosa. Levantava apaixonadamente a voz, mandava sabraços a torto e a direito contra todos os ídolos que tivessem as preferências que somente a Deus correspondem, com o risco de também eu universalizar os defeitos e marcar os contornos com um novo radicalismo.

Era inevitável a reação dos referidos. Não fui um homem moderado que procura o equilíbrio e a síntese. No final da primeira década, no entanto, eu já eliminara aos poucos qualquer tipo de agressividade verbal, e a partir daí somente me dediquei a afirmar o absoluto de Deus, sem atacar ninguém.

* * *

Entre todos os críticos, houve um grupo cujo rechaço me doía de uma maneira especial: eram os partidários da Teologia da Libertação. Em minhas andanças por tantos países da América Latina havia conhecido pessoas ou grupos que absolutizavam as tendências liberacionistas, com uma mentalidade e práxis tão secularizadoras que não se percebiam maiores diferenças entre eles e qualquer lutador social; e estavam realizando uma redução do Evangelho a valores puramente temporais, esvaziando-o de seu conteúdo original, quase como se dessem pelo fato de que a "religião é o ópio do povo".

Disse que esse rechaço me doía especialmente porque eu, desde sempre, inclusive antes do Concílio, havia sentido uma atração apaixonada pelo apostolado operário e pela libertação social, por um único motivo: essa foi a opção de Jesus.

De fato, em uma sociedade classista, Jesus optou pelos marginalizados e, em uma sociedade puritana, comprometeu-se com os excomungados da sinagoga. Se separarmos de um lado os escravos da lei, os justos e os piedosos, as pessoas cultas e civilizadas... e do outro lado os adúlteros, ignorantes, arruaceiros, ladrões e prostitutas, a opção preferencial de Jesus foi por estes últimos. Jesus situou-se na periferia e dedicou-se preferentemente aos marginalizados, social, religiosa e politicamente. Este é o Jesus que nós temos apresentado com clareza e paixão, tanto nos encontros como nas oficinas, ressaltando as linhas de ação que daí derivam.

É certo que eles não fizeram uma propaganda sistemática e negativa contra mim. Não me fizeram oposição frontalmente nem me hostilizaram de maneira aberta, apenas me ignoraram, me fizeram um vazio completo. Fizeram correr, primeiro no Brasil e em seguida nos demais países da América Latina, uma imagem negativa no âmbito clerical e religioso, afirmando que minha atividade apostólica "já era", como se falava popularmente naquela época, quer dizer, que se tratava de algo que passara de moda, estava fora do seu tempo, uma mensagem alienante. Apesar de tudo, os encontros continuaram tendo assistência máxima.

OS COLABORADORES

Nesse movimento de multidões que, semana após semana, vibravam com os encontros, naturalmente o herói era eu. A realidade, no entanto, era outra. Os verdadeiros heróis, silenciosos e anônimos, foram, durante vinte e quatro anos, as Equipes Coordenadoras. Durante os dez primeiros anos, as componentes dessas equipes eram sempre religiosas, presididas por um responsável principal. Mais tarde, as equipes seriam integradas por Guias de Oficinas; em ambos os casos, sempre mulheres.

Onde se necessite sacrifício, desinteresse e perseverança, lá estão elas. Nos empreendimentos evangélicos que requerem compromisso vital e entrega, as mulheres ocupam sempre a primeira fila. Ao percorrer tantos países pude comprovar com meus próprios olhos que a vanguarda da Igreja, da Igreja pobre e difícil, está constituída por religiosas. São elas, as mulheres, que especialmente possuem a capacidade do sacrifício silencioso, da doação gratuita, e o fazem com muita naturalidade... Tudo isso pude observar também pessoalmente, e não sem emoção, no trabalho silencioso e heroico de milhares de irmãs (leigas) nas Oficinas de Oração e Vida ao longo destes doze últimos anos.

É uma afirmação gloriosa e uma verdade de granito o que nos diz Teresa de Calcutá: "Nenhum homem se aproxima, nem de longe, do amor e da compaixão de que uma mulher é capaz".

* * *

Não há palavras, não é possível avaliar, nem mesmo por aproximação, o trabalho desenvolvido por minhas colaboradoras nesses vinte e quatro anos, tão silenciosamente, tão eficientemente, no maior anonimato, com um enorme espírito de fé.

É difícil imaginar os milhares de detalhes, as dificuldades e contrariedades de todos os gêneros que pressupõe a organização de qualquer semana com 300 ou 400 participantes, qualquer Jornada de Evangelização com cinco ou seis mil pessoas ou mais, ou palestras matrimoniais para dois ou três mil casais.

Antes da minha chegada ao local determinado, elas tiveram de responder a centenas de cartas e chamadas telefônicas, cuidar das inscrições, confirmações, recibos, problemas com as casas de retiro, ginásios etc.

Quando eu chegava ao local estabelecido, tudo já estava pronto, funcionando à perfeição por obra e graça da generosidade sem limites de minhas colaboradoras.

Deixo aqui minha homenagem de eterna gratidão a todas elas.

LIVROS

Oferecerei aqui uns poucos pormenores históricos e íntimos de alguns dos meus livros.

Os cinco primeiros – exceto *Mostra-me o teu rosto* – foram escritos em meio ao fragor dos encontros. Nos raros momentos livres, e frequentemente em espaços de tempo roubados do sono, entregava ao papel as observações, análises, vivências e intuições que afloravam à minha alma. Cada ano voltava à minha pequena fraternidade, para um descanso de dois ou três meses. Nesse espaço de tempo organizava, ampliava e documentava minhas próprias observações sobre a vida; e o resultado era um livro para impressão.

* * *

O silêncio de Maria. No ano de 1975 organizou-se e realizou-se no Brasil, em um teatro de São Paulo, como preparação para o Natal, um ciclo de conferências marianas durante três dias, que estiveram sob a minha responsabilidade.

Já descrevi anteriormente a história intimamente dramática de minha relação com Maria. Expliquei que aquela mulher aureolada e endeusada que nos apresentavam nas aulas de Mariologia não me convencia, porque a achava irreal e pouco humana. Também já ressaltei a minha íntima contrariedade, nos primeiros anos de sacerdócio, em ter de proclamar afirmações com as quais não estava de acordo; e de que maneira, muitos anos depois, Deus me concedeu a graça de me encontrar com Maria através do prisma da espiritualidade dos *anawim*.

Ao terminar o ciclo de conferências marianas de São Paulo, as Irmãs Paulinas da cidade se ofereceram para imediatamente editar as palestras, tal como eu as pronunciara. Respondi-lhes que esperassem um pouco para que o material pudesse ser ampliado até transformar-se num livro completo sobre Maria. E assim foi feito.

Nos primeiros meses do ano de 1976, *O silêncio de Maria* foi editado simultaneamente em vários países. Também este livro supera largamente uma centena de edições, em sete idiomas. Todos os meus outros livros tiveram um ritmo semelhante de vendas, apesar de existir um que supera a todos: *Do sofrimento à paz*.

* * *

Suba comigo. Naquele momento (1978) eu tinha acumulado uma bagagem volumosa de observações acerca dos problemas e dificuldades que se apresentam em qualquer convivência, tanto nas comunidades religiosas como nos grupos familiares. Vinha sentindo havia vários anos uma urgência veemente de entregar alguma coisa que ajudasse os grupos humanos e religiosos a solucionar seus conflitos e dificuldades.

O título *Suba comigo* foi inspirado no primeiro verso de *Alturas de Machu-Pichu*, de Pablo Neruda, que começa assim: "Suba para nascer comigo, irmão". Justamente por ter sido escrito a toque de caixa, a toda a pressa, *Suba comigo* está, em certo sentido, incompleto: o livro penetra fundo nas relações interpessoais, porém faltou tempo para abordar a dimensão comunitária.

Mesmo assim, quando as pessoas pedem a minha opinião sobre qual dos meus livros é o melhor, em primeiro lugar faço a seguinte observação: não se pode perguntar a nenhuma mãe qual dos seus filhos é o predileto; porém, em seguida acrescento sem vacilar que *Suba comigo* é, no meu ponto de vista, tecnicamente, o mais bem-sucedido de todos, por sua estrutura interna, seu estilo transparente, sua praticidade, distribuição equilibrada do material, lógica vital e, inclusive, pelo seu tamanho reduzido. Foi publicado no ano de 1978, e também ultrapassa as cem edições.

* * *

O Irmão de Assis. Eu precisava escrever alguma coisa sobre São Francisco. Era um imperativo que me brotava das raízes, e não porque eu pertencesse a um Centro Franciscano, nem porque fosse membro da Ordem Franciscana-Capuchinha, tampouco por meu amor e admiração pelo Pobre de Assis. Era outra coisa.

Algum parentesco? Não, mais do que isso. Algo como uma identificação de harmônicas profundas de um espírito com outro espírito. Não houve na história da civilização nem na da Igreja outro homem com quem minha alma tenha se sentido tão identificada, em uma vibração tão tonal como o Irmão de Assis. Como poderíamos qualificar isso? Sintonia? Misteriosa empatia? Não sei; só sei que eu precisava dizer uma palavra sobre o Irmão. Era uma necessidade.

Nas asas da ilusão e com certo nervosismo sentei-me à mesa para dar início à tarefa. A primeira semana foi um pequeno Calvário. Ao reler as vinte primeiras páginas, dizia a mim mesmo: "Não é isso". Procurava outra coisa, algo diferente, mas o que, como? O texto parecia um artigo, um estudo, com citações e tudo. Foi assim que, sem pensar duas vezes, rasguei todas as páginas e joguei-as no cesto de lixo.

Tornei a começar, tateando estilos, caminhando por terreno movediço, vacilante... Acabei o primeiro capítulo. Estava melhor, mas mesmo assim fiquei intimamente insatisfeito. Ao abordar o segundo capítulo, acreditei ter encontrado o que procurava. O que era?

Tratava-se de um Francisco que de alguma maneira havia passado pela minha vida e minha própria experiência.

Uma *memória viva*. É preciso levar em conta que, se é verdade que eu seguia rigorosamente passo a passo os dados históricos dos biógrafos primitivos, meu secreto empenho era explorar seu itinerário interior.

Não me propunha a escrever uma biografia técnica sobre Francisco de Assis, e sim a acompanhá-lo no caminho de sua ascensão a Deus, não como um frio observador, mas como um contemplador comprometido.

* * *

Como denominá-lo? Biografia recriada? História revivida? Tratava-se, de qualquer maneira, de caminhar sobre bases – repito – rigorosamente históricas, porém projetando sobre elas minha própria vida e experiência, isto é, recriando-as e revestindo-as com meus mundos interiores. Bem poderia afirmar que, entre todos os meus livros, *O irmão de Assis* é o mais *meu*.

Enquanto escrevia tive também a nítida sensação de estar apresentando um ideal de vida, um código de felicidade, diametralmente oposto ao ideal hedonista da sociedade de consumo.

Custou-me muito dar à luz o capítulo da Grande desolação, encontrando, por fim, o desenlace buscado na entrevista com Clara.

Porém, na travessia geral, veio ao meu encontro uma criatura inesperada: o medo. Com efeito, apoderou-se de mim um medo reverencial de abordar a cena da noite da estigmatização. Depois de escrever extensas páginas sobre o mês de Alverne, cujo desenlace e coroação seria a impressão das chagas, um sagrado pavor ficou engasgado em minha garganta e me deixou paralisado; coloquei de lado essa cena e continuei escrevendo até os últimos dias do Irmão e seu bem-aventurado trânsito. Porém, faltava a noite das chagas.

Dispunha de um dia livre porque os assistentes do encontro haviam ido para o deserto. Estávamos em Caracas. Desde bem cedinho encontrava-me nos níveis mais profundos da alma de Francisco e, pedindo uma assistência especial do Espírito Santo, mergulhei na temível cena... e por volta das quatro horas da tarde tudo estava consumado.

* * *

Do sofrimento à paz. Já fazia muitos anos que eu vinha desejando fincar os dentes nesse osso duro.

A passagem pela vida permitiu-me ficar frente a frente com a silhueta escura do sofrimento em qualquer encruzilhada do caminho. É um rio caudaloso, que atravessa pesadamente a geografia da humanidade de um extremo ao outro.

Trata-se de um livro apaixonado, porque a própria matéria e o conteúdo são apaixonantes. Pelo que tenho escutado, é o livro que mais consolação trouxe, mais libertação produziu e mais angústia eliminou; enfim, um livro que trouxe copos de alívio e taças de bem-estar a indivíduos, casamentos e famílias. E é isso que eu procurava ao escrevê-lo.

Apesar de muitas vezes, ao redigi-lo, ter-me deixado levar pela emoção, procurei colocar ao longo de suas páginas uma dupla viga mestra: diagnóstico e terapia. Esforcei-me para imprimir ao livro um caráter eminentemente prático, de tal modo que *Do sofrimento à paz*, por si mesmo, pudesse vir a se constituir em ajuda eficaz para diminuir ou eliminar qualquer sofrimento.

Esse livro não foi escrito com pressa, como os outros. Tive tempo suficiente para estudar a fundo as matérias que já vinha abordando havia alguns anos, como a biologia molecular, a etiologia da depressão, diversos ângulos da antropologia geral.

Apesar de o livro não ser de caráter religioso, escrevi-o *de joelhos*, como quem escreve um evangelho redentor. Houve capítulos – como o da depressão – que foram redigidos com acompanhamento de muita oração e depositados simbolicamente no altar para que atraíssem prodígios de libertação sobre os abatidos pela tribulação.

Não são poucos os psiquiatras do vasto mundo que recomendam *Do sofrimento à paz* aos seus pacientes, como receita para uma terapia de libertação. Pelo que pude saber, ao menos em três ocasiões o Santo Padre João Paulo II enviou ele próprio esse livro, com uma dedicatória, para três pessoas em diferentes circunstâncias e lugares.

Enfim, posso afirmar que esse é o livro que mais consolação me trouxe, ao escutar inumeráveis testemunhos de pessoas que, às vezes com lágrimas nos olhos, garantiam dever a esse livro terem conseguido se libertar de muitos dos seus sofrimentos. Ainda falta escrever uma segunda parte, que chegará no devido tempo, com a ajuda de Deus.

* * *

Encontro. Conforme nossos cálculos, já foram editados mais de um milhão de exemplares desse livrinho. É frequente encontrá-lo na cabeceira da cama dos doentes, nos hospitais.

Foi minha intenção elaborar um *manual de oração*, um pequeno, porém completo, *vade-mécum* no qual não faltasse nem sobrasse nada; um livro que contivesse uma grande variedade de orações para quaisquer circunstâncias ou emergências da vida; e, ao mesmo tempo, oferecesse ao leitor modalidades diversas e práticas de se relacionar com Deus, expostas de uma maneira sintética e clara, bem como orientações pedagógicas para a atividade de oração.

Incluí vários poemas compostos por mim e pude entregar um manual breve e completo aos orantes em sua ascensão a Deus.

* * *

O Pobre de Nazaré. Este sim foi um desafio audacioso. Escreveu-se tanto sobre Jesus Cristo ao longo dos séculos que só pelo fato de me sentar à mesa e pegar a caneta para rascunhar algumas linhas soava-me como uma perigosa temeridade. O instinto me aconselhava a ficar tranquilo e me sussurrava: "É melhor calar-se". Porém, contra todas as normas de mesura e circunspeção, o Espírito fez surgir dos últimos níveis de minha consciência um impulso irresistível de me aproximar dos mundos interiores de Jesus e dizer alguma coisa, porque, na verdade, tinha alguma coisa para dizer.

Desde os dias da minha juventude, Jesus Cristo havia sido a paixão única e o centro de gravidade da minha vida. Muitas vezes eu mesmo me fizera um desafio cortante: não posso morrer sem dizer uma palavra sobre ele.

Chegou a hora. O que fazer? Como fazer? Disse para mim mesmo: não um livro cheio de citações, erudição exegética e elucubrações cristológicas. Da mesma maneira e ainda bem mais do que com *O Irmão de Assis*, transpirei até a angústia para acertar um estilo original e diferente.

Porém, como dizer alguma coisa original e não cair em lugares-comuns tratando-se de um assunto tão *ressabido* como Jesus Cristo? A questão e o desafio eram o seguinte: é preciso se aproximar dos abismos insondáveis do mistério pessoal de Cristo para agarrar, ou melhor, *capturar* ali um pouco de sua riqueza inescrutável e transmiti-la aos demais com palavras comuns.

Comecei a dar corpo a essa tentativa e me encontrei diante de uma impotência radical: a linguagem comum, o discurso lógico não servem para refletir e transmitir um pouco daquele mundo inefável que, por ser inefável, é impossível de traduzir com palavras comuns ou malabarismos gramaticais; então não cabe outra alternativa a não ser sugerir, evocar, deixar no ar um *não sei quê*, sem dizer; deixar no ar uma ressonância capaz de provocar como um eco distante e indecifrável que não se entende, porém diz muito mais do que se fosse entendido.

* * *

Portanto, para evocar os mundos interiores, para refletir os poços misteriosos da riqueza insondável de Jesus somente serve a linguagem figurada, poética, metafórica. Isso foi o que eu fiz em diversas passagens do livro: insinuar, aludir, deixar flutuando no ar um *não sei quê*, com uma linguagem sugestiva e poética.

De alguma maneira tive de entrar no recinto interior de Jesus e falar (escrever) com os sentimentos do Senhor: que ressonâncias, que vibrações se desencadeavam no espírito de Jesus quando pronunciava estas ou aquelas palavras, quando ficava imerso em tais ou quais ações? Era preciso reinterpretar, ou reler, ou recriar os textos evangélicos, porque ninguém usou nenhum gravador nem havia ali nenhum taquígrafo. Como se vê, um empreendimento bastante arriscado.

Por tudo isso, pude comprovar que existem dois tipos de leitores de *O Pobre de Nazaré*: aqueles que, com uma mentalidade lógica, um tanto fundamentalista ou literalista, incapazes de captar e saborear a atmosfera dessa apresentação recriada e evocadora de Jesus, acabam dizendo: "Definitivamente, não gosto, não é o Jesus do Evangelho"; e os leitores de alma aberta e sensível, que vibram com o livro, saboreiam-no e desfrutam-no uma e outra vez e afirmam que é o mais fascinante que já leram em toda a sua vida sobre Jesus.

* * *

Áudios e vídeos. Em certa oportunidade, faz já muitos anos, os Padres Paulinos de Madri falaram-me sobre a possibilidade de gravar uma série de cassetes com os conteúdos essenciais dos meus livros. Ainda que à primeira vista parecesse algo fácil de realizar, não foi muito; ao contrário, tratava-se de uma tarefa complexa, que se complicou mais ainda por uma série de motivos que não vem ao caso detalhar.

O fato é que, procurando resquícios de tempo livre enquanto ministrava uma longa série de encontros na

Espanha e em Portugal, gravei a primeira série de seis cassetes, com o título de *Vida com Deus*.

Foi um acerto notável. De todas as partes chegaram notícias sumamente reconfortantes no seguinte sentido: para muitas pessoas parece mais fácil e proveitoso escutar do que ler; muitos vão ouvindo os cassetes no caminho de ida e volta para casa, em suas viagens. Há os que se deitam e amanhecem escutando os cassetes ou realizam trabalhos domésticos enquanto os escutam. Há grupos cristãos que se reúnem para escutar e meditar a doutrina dos cassetes, e algumas comunidades religiosas fazem seu retiro anual com uma distribuição organizada deles.

Enfim, quando nos demos conta estávamos com um valioso instrumento de evangelização. Em vista desses resultados, fui gravando aos poucos, ao longo dos anos, as seguintes coleções de três e seis cassetes: *Vida com Maria* (3); *Vida em fraternidade* (3); *Caminhos de paz* (6); *Salmos para orar* (6); *Jesus de Nazaré*; *Meditações cristológicas* (6).

No momento está em fase de produção uma série de vídeos, que vêm sendo realizados com grande profissionalismo e em breve estarão disponíveis.

OFICINAS DE ORAÇÃO E VIDA

Ao que parece, as Oficinas de Oração e Vida constituem o cume e o coroamento de toda a minha atividade apostólica, por seu poder de expansão, por seus frutos e pelo alto apreço que a Santa Sé e os Bispos manifestaram para com elas.

* * *

Origens. Uma vez mais, o serviço das oficinas surgiu por geração espontânea, por acaso. Tudo começou no ano de 1984, justamente aos dez anos do início dos Encontros. Naquela época eu estava submerso na total profundidade e intensidade dos Encontros. Nos meses de janeiro e fevereiro do citado ano tinha ministrado uma série de encontros em Punta de Tralca (Chile).

Aproximadamente um mês depois, chegou à nossa residência no Centro Franciscano uma senhora que participara de um desses encontros, falando-me da riqueza excepcional e única que ela descobrira no encontro, e era lamentável que ficassem circunscritos a um reduzido número de pessoas, por mais numerosos que fossem os participantes de cada encontro, enquanto o numeroso e faminto povo de Deus se consumia de ânsias divinas. E sugeriu: "Por que não elaborar, com um pouco de audácia e criatividade, um programa orgânico que transmita essa riqueza viva para todo o povo de Deus?".

Foi nesse exato momento que um relâmpago atravessou minha mente: não será esta uma nova porta que o Pai está me abrindo? Finalizada a entrevista, a citada senhora pediu-me autorização para reunir um grupo de amigas para escutar a série de cassetes *Vida com Deus* e refletir sobre o seu conteúdo, intercalando algumas orações do livro *Encontro*. Com prazer autorizei-a.

Foi um novo desafio. Na verdade, pensei, não posso permitir que as riquezas recebidas se consumam como as velas acesas para iluminar o caminho da noite. Minha alma entrou em transe como uma inquietante primavera. Comecei a pensar o que poderia ser feito e como fazê-lo.

Enquanto isso, o grupo de senhoras concluíra a audição dos cassetes em reuniões periódicas, com grande proveito e entusiasmo.

Algo me atravessou a mente. O que era? Um pressentimento, uma premonição? Algo especial e grande se avizinhava, suscitando em mim um estado de ânimo singular, como de transe, como de pré-parto. Disse para mim mesmo: "O que é para o povo tem de nascer do povo".

Assim, pois, do próprio povo de Deus que havia participado dos Encontros surgiu um grupo bastante numeroso de leigos dispostos a fazer alguma coisa para que o espírito e o conteúdo que haviam vivido se propagasse e derramasse no seio da Igreja.

Durante o segundo semestre desse ano reunimo-nos a cada quinze dias, umas setenta pessoas, para provar, comprovar e ensaiar diferentes esquemas, acrescentando ou suprimindo determinados elementos, de acordo com os efeitos que íamos observando. Foi um longo processo de discernimento, filtragem e amadurecimento.

Sobre a base de tão vasta experiência, no final daquele ano redigiu-se um manual breve e embrionário que recolhia e refletia a elaboração experimental do semestre. Experimentou-se primeiro, e depois se codificou.

* * *

Uma história explosiva. Nos anos 1985 e 1986, enquanto percorria diferentes países ministrando os Encontros de Experiência de Deus, destinava diariamente trinta minutos da tarde para explicar passo a passo o projeto das oficinas.

No último dia perguntava para a assistência quantos dos presentes sentiam o impulso e a generosidade de aplicar as primeiras oficinas. Sempre se apresentavam quinze ou vinte pessoas, às quais dava amplas instruções, entregava-lhes o pequeno manual, designava alguém como elo de ligação e, em nome do Senhor, dava-lhes a autorização e a bênção para iniciar a experiência das oficinas. E foi assim que isso se repetiu nesses anos em oito países.

E assim, sem grandes preparações, nos jogamos na água sem saber nadar, porque só nadando se aprende a nadar. Foram os dois anos heroicos das Oficinas de Oração e Vida. Os primeiros guias (assim chamamos aos que dirigem as oficinas) foram os pioneiros que abriram caminhos onde não os havia. Apresentavam-se diante dos bispos e párocos para oferecer um serviço eclesial completamente desconhecido, motivo pelo qual eram recebidos com precaução e com certa desconfiança.

Surgiram dúvidas. A quem recorrer para esclarecê-las? Eu andava sem descanso de país em país. De vez em quando enviava aos guias algumas circulares ou falava com eles por telefone.

* * *

Esbanjando audácia e generosidade, e numa demonstração de fé e confiança em Deus, as oficinas tiveram um começo surpreendente e explosivo.

Nos dois primeiros anos realizaram-se oficinas em quinze países. Esse impetuoso começo demonstrou a validade fundamental das oficinas como instrumento de evangelização, ainda que, naturalmente, com deficiências.

Eram milhares de pessoas que recuperavam o sentido da vida, da alegria de viver, bem como de sua vocação cristã e apostólica. Descobriam a Bíblia como fonte de riqueza espiritual, e incontáveis lares recuperavam a concórdia e a paz.

O fato é que, no final de 1986, as oficinas funcionavam vigorosamente em dezessete países. A essa altura, no entanto, via-se claramente que aquele manualzinho embrionário era insuficiente. Por outro lado, as oficinas já eram uma grande força incipiente, porém sem timoneiro, e notava-se a falta de certa estrutura organizacional para manter em pé esse novo serviço eclesial.

Haviam tido um desenvolvimento talvez excessivamente impetuoso. Era conveniente e necessário deter-se para fazer uma avaliação geral, corrigir erros, cobrir vazios. Pusemos as bases de todos os países num processo de reflexão e discernimento por meio de extensos questionários que oportunamente lhes enviamos, solicitando também que nos enviassem sugestões e observações.

Com esse farto material fui preparando um novo manual, enquanto continuava com os Encontros, e enquanto roubava horas ao sono. Em abril de 1987, Semana Santa, celebrou-se o primeiro Congresso Internacional de Oficinas de Oração e Vida, em Guadalajara (México), para estudar e aprovar o novo manual.

Foi um grande acontecimento de reflexão, avaliação e projeção e, ao mesmo tempo, de convivência fraterna de uma família prematuramente numerosa, procedente de dezessete países. As novidades fundamentais do novo manual foram as seguintes: sólida estruturação da direção;

iniciava-se o trabalho de casa ou prática semanal; amplas introduções para a Palavra; maior precisão e definição sobre a missão dos Guias de Oficinas; introdução dos momentos de silenciamento e liturgia do Envio.

* * *

Esse novo manual deu abundantes frutos, tanto em extensão como em profundidade, durante vários anos. Porém, tampouco era um texto definitivo. À medida que as oficinas foram se expandindo, viu-se que também esse manual estava incompleto. Tinha importantes vazios: faltava um Curso para Formação de Guias; a direção não era suficientemente eficaz; não reinava em todas as partes a desejada uniformidade; em alguns países começaram a introduzir-se novidades com risco de distanciamento do espírito original.

No intuito de resolver todas as deficiências, esclarecer dúvidas, estabelecer estilos e maneiras uniformes e conseguir uma fundação definitivamente orgânica e consolidada quanto à formação, espiritualidade e estrutura..., no ano de 1993 organizaram-se e realizaram-se no mundo 32 Semanas de Consolidação, às quais compareceram perto de onze mil guias. Até o presente momento, a celebração dessas semanas constitui-se no acontecimento de maior importância na história das Oficinas.

Nessas semanas, e a partir delas, entregou-se ao pessoal das oficinas o livrinho de espiritualidade chamado *Estilo e vida dos guias*, o Curso de Formação, com um ano de duração, e a Oficina para Jovens, com doze sessões.

Finalmente, com todo esse processo de maturação, redigi o manual definitivo, que foi aprovado no segundo Congresso Internacional, celebrado na semana de Pentecostes de 1994, em Bucaramanga (Colômbia).

Podemos afirmar que, hoje em dia, as Oficinas de Oração são um serviço eclesial solidamente estruturado e maduro. Recebemos 1.500 testemunhos por escrito – a maioria altamente elogiosos – de cardeais, bispos e párocos dos quarenta países nos quais as oficinas estão estabelecidas, e foram apresentadas diante da Santa Sé em novembro de 1996 para a aprovação canônica.

* * *

Estrutura e características. A Oficina consta de quinze sessões, além de uma reunião de abertura. A sessão é semanal, com duração de duas horas cada. O número ideal de assistentes de uma oficina está entre 15 e 25 pessoas.

Cada Oficina é dirigida por um guia, cuja missão consiste em pôr em prática o espírito e o conteúdo do manual. Ser guia pressupõe uma vocação, ou seja, um chamamento que implica afinidade entre uma alma e uma espiritualidade.

O guia deve possuir também uma série de condições de ordem pessoal, condições que o manual enumera devidamente. Os candidatos a guias recebem um Curso de Formação de um ano de duração, no fim do qual recebem solenemente o manual em uma Eucaristia especial chamada Missa de Envio.

À frente dos guias está uma estrutura orgânica de governo de nível internacional, regional, nacional e local, cuja função é autorizar, organizar e controlar o funcionamento das oficinas, velar pela sua fidelidade e expansão.

As Oficinas de Oração e Vida são um serviço disciplinado que se distingue por um rigoroso cuidado e seriedade na transmissão, evitando desabafos emocionais ou festivos, e por uma alta fidelidade à metodologia e conteúdos do manual, evitando qualquer improvisação.

* * *

Raízes e frutos. Antes de qualquer coisa, trata-se de uma *oficina de oração*, porque, assim como numa oficina se aprende trabalhando e se trabalha aprendendo, na Oficina de Oração rezando se aprende a rezar. Tem, pois, a oficina uma conotação eminentemente prática, pedagógica e experimental. Rezar não consiste em uma reflexão intelectual, mas em elevar a atenção e a emoção a Deus e assim entrar em uma comunicação afetiva com um *tu*. É, pois, uma atividade vital, e as coisas da vida se aprendem vivendo-as.

E tudo isso começando desde os primeiros passos, continuando com uma gama variada de modalidades ou maneiras diferentes de se relacionar com o Senhor, até as alturas da contemplação. Trata-se, pois, de aprender a rezar de uma maneira organizada, variada e progressiva.

* * *

Em segundo lugar, é uma *oficina de vida*. A curta existência das Oficinas deixou patente uma realidade: elas possuem uma notável eficácia transformadora.

A Oficina pega o aprendiz e, à luz da Palavra, o introduz numa complexa estrutura de reflexão, oração, mensagem libertadora e revisão da vida. E, sem perceber, o aprendiz é impelido a uma transformação vital. E não se trata de uma conversão de um fim de semana, mas de um processo lento e evolutivo de quatro meses. Esse fator testemunhal confere maior credibilidade às Oficinas e constitui a principal razão de sua rápida difusão.

Nas últimas sessões, mediante uma contemplação centrada em Cristo, o aprendiz vai assumindo os traços positivos de Jesus: paciência, fortaleza, mansidão, compaixão, amor... E assim escutamos frequentemente os familiares exclamando: como mudaram nossos pais, nosso filho, nosso irmão...!

Em suma, entregamos à sociedade pessoas saudáveis, fortes e alegres, e à Igreja, apóstolos convictos. Fazemos Igreja e fazemos pátria.

* * *

Um serviço leigo. As Oficinas são um serviço eminentemente leigo: quase a totalidade dos guias são leigos. Todas, absolutamente todas, as Equipes Coordenadoras, em seus diferentes níveis, são leigas.

Ao longo da minha vida, tenho observado que a presença de um clérigo num grupo de leigos inibe e coíbe. Sempre me acompanhou a convicção de que, à medida que entregamos autonomia completa e responsabilidade integral aos leigos, podemos dispor de um laicato responsável e maduro. Por conseguinte, deliberada e conscientemente, no serviço das Oficinas apostei nos leigos; e já no Congresso de Guadalajara (1987) retirei-me definitivamente de sua direção, entregando solene e integralmente às equipes de leigos a responsabilidade de dirigir, governar e promover as Oficinas em todo o mundo.

E, sem dúvida, não me defraudaram. Estou em condições de afirmar com santo orgulho que uma plêiade de milhares de leigos, bem formados, adultos e maduros, trabalham na primeira fila da Igreja, na vanguarda evangelizadora. Esse é também o motivo da surpreendente expansão das Oficinas: quando os leigos, identificados com o espírito das Oficinas, precisam transferir-se para outros países em razão da sua profissão, o mais provável é que acabem implantando-as também ali, se ainda não existirem.

* * *

Serviço limitado. As oficinas não pretendem deixar estabelecidas comunidades de oração ou qualquer outro tipo de movimento organizado de caráter leigo. Tão somente oferecemos um serviço limitado e provisional: ensinar a rezar. Uma vez cumprido nosso serviço, através das quinze sessões da Oficina, damos por cumprido nosso objetivo e nos retiramos. As vocações apostólicas que daí surgem são colocadas nas mãos da Igreja.

Porém, também é um serviço aberto, já que se oferece a todos aqueles que sinceramente procuram Deus: simples cristãos, grupos apostólicos, agentes de pastorais, catequistas, os afastados da Igreja, os excluídos dos Sacramentos, cristãos não católicos de diferentes denominações, judeus...

* * *

Instrumento de evangelização. Uma série de variadas mensagens evangélicas, gravadas por mim, integram cada sessão de Oficina: o amor eterno e gratuito do Pai, a fé adulta, o amor fraterno, a opção pelos pobres, o compromisso apostólico, a proclamação de Cristo Salvador... Durante todos os dias dos quatro meses de duração da Oficina entrega-se ao aprendiz um texto bíblico para que medite sobre ele e, caderno na mão, analise-o em sua mente e em seu coração, extraindo dele critérios de vida que serão aplicados em seu comportamento.

Por outro lado, a Oficina vai transformando paulatinamente o aprendiz em amigo e discípulo do Senhor, assumindo em sua vida a mentalidade e julgamento de valor de Cristo Jesus.

Além disso, abrigamos um sonho. Nosso desejo secreto é que surjam cristãos comprometidos de forma dinâmica com a Igreja particular, sua paróquia, e as Oficinas venham a ser viveiros de vocações apostólicas para a revitalização da Igreja.

* * *

APROVAÇÃO

O Conselho Pontifício de Leigos nos fez uma série de observações, verbais e por escrito, e recomendou-nos que nos assessorássemos com um especialista em Direito Canônico para uma nova redação dos Estatutos das Oficinas. Tudo isso foi realizado rigorosamente.

É voz comum que os trâmites da Santa Sé avançam a velocidade lenta. Já se sabe que a Cúria Romana nunca trabalha com pressa. Nós não esperávamos a aprovação canônica das Oficinas antes de dois ou três anos após ter entregado o material em novembro de 1996.

No entanto, para grande surpresa nossa, o Decreto de aprovação foi assinado em 4 de outubro de 1997, antes de completar um ano da data da solicitação. Surpreendente rapidez.

Por outro lado, o Decreto e seu conteúdo superaram com folga nossas expectativas, desejos e solicitudes. Em primeiro lugar, não recebemos somente a *aprovação*, mas nos foi concedido o *reconhecimento* que, em terminologia canônica, expressa uma conotação especial.

Em segundo lugar, a Santa Sé nos reconhece como uma Associação Internacional de Fiéis. É costume da Santa Sé conceder a aprovação, como um primeiro passo, para uma determinada diocese ou um país. No presente caso recebemos, antes de tudo, sem mais trâmites prévios, o título de Associação Internacional.

Em terceiro lugar, e sem que nós o pedíssemos, nos concederam dois privilégios de alto conteúdo e significação que, no contexto canônico, encerram efeitos importantes: a) de direito pontifício; b) com personalidade jurídica.

O Decreto, para sua aprovação, fundamenta-se, entre outros fatores, no fato de "ter recebido testemunhos muito numerosos de Bispos diocesanos e párocos de diversos países e continentes que apontam para os bons frutos de conversão, de santidade e apostolado suscitados pelas Oficinas".

Por outro lado, a recepção do Decreto se efetuou em uma cerimônia solene que de nenhuma maneira resultou protocolar e fria, e sim excepcionalmente calorosa e familiar, na qual tanto o presidente como o secretário-geral do Conselho Pontifício enfatizaram uma e outra vez o número extraordinariamente alto de testemunhos e recomendações da hierarquia de diversos países e continentes; e acabaram nos entregando fervorosas palavras de congratulação, estímulo e ânimo.

Pessoalmente, senti-me suspenso num gozo contido, complexo e profundo, como se pressentisse que o próprio Deus acabava de sancionar e coroar a obra múltipla dos últimos vinte e cinco anos.

BOATOS

Aqui estou entre a montanha e o mar, contemplando no passado as pegadas condensadas, as folhas mortas e os sonhos idos, enquanto vou observando também, ao mesmo tempo, de que maneira surda as vespas e os moscões se encarregaram de soltar ao vento boatos e alarmes.

Efetivamente, no transcorrer destes vinte e cinco anos, em cinco oportunidades correu o boato do meu falecimento. Em duas dessas cinco oportunidades, o boato alcançou tamanha solidez que, como uma firme notícia, se espalhou por toda a América sem que ninguém fosse capaz de interceptá-la. Inclusive em vários países foram celebrados funerais pelo eterno descanso de minha alma.

Ninguém soube de que misteriosas profundezas emergiu semelhante fantasia, porque, naquela época, eu deambulava de país em pais evangelizando, sem que houvesse estado hospitalizado uma única vez. Em vista de que o boato não deixava de ser senão uma evidente patranha, acrescentou-se, como desculpa, que tinha acontecido uma confusão de nomes: quem na verdade falecera fora outro sacerdote que tinha o mesmo nome que eu. Ocorre que o outro sacerdote, que, de fato, tinha o mesmo nome, estava mais vivo do que eu.

Por outro lado, em duas oportunidades correu pelo vento a falácia de que eu estava doente de câncer. Mais recentemente começaram os rumores em um país de que eu ingressara ou estava para ingressar em um mosteiro trapista. E até chegou-se a escrever em um jornal, em letras grandes, que eu era pastor protestante.

* * *

Porém, houve uns dois boatos que me fizeram mal. Surgiu e correu a voz de que eu havia abandonado o sacerdócio e estava casado. Pelas informações que chegaram aos meus ouvidos, essa calúnia foi originada na Espanha e foi difundida em alguns casos por religiosas e sacerdotes, porque, diante da magnitude do escândalo, alguns leigos diziam: não pode ser; e outros respondiam: é verdade porque foi contado por um sacerdote, uma religiosa. E assim foi-se alastrando o boato.

É difícil quantificar o mal que essa impostura deve ter causado em minha tarefa evangelizadora. Só sei dizer que, em algumas livrarias, diminuiu a venda das minhas obras. No entanto, os Encontros continuavam com toda a força, e as Oficinas não sofreram nenhuma diminuição, porque os guias rapidamente encarregaram-se de constatar que era tudo falso.

Seja como for, o boato foi se alastrando obstinadamente de um extremo ao outro do continente americano, justamente em uma época em que minhas atividades encontravam ampla difusão por diferentes meios e apareciam colaborações minhas em uma revista internacional. A impressão era que, por detrás desses boatos, se movimentavam obscuros interesses trabalhando para que a falsidade não se detivesse, mas continuasse difundindo-se, já que ainda hoje em dia, mesmo sabendo que o boato é falso, não faltam aqueles que continuam propagando-o.

* * *

Outro boato que perturbou a minha atividade missionária, ninguém sabe em que medida, foi de que eu pertencia ao movimento New Age. Essa nova difamação brotou simultaneamente em vários países, em alguns casos dentro de certos setores da Renovação Carismática, pelo fato de que nós havíamos incluído nas Oficinas alguns exercícios de silenciamento, coisa que, simplesmente, lhes soava a algo oriental.

Para evitar mal-entendidos, apresso-me a esclarecer que eu não só não tenho qualquer prevenção contra a Renovação Carismática, como também a aprecio muito e considero-a providencial, como explico em *Mostra-me o teu rosto*.

Esse boato prejudicou, e não foi pouco, a difusão das Oficinas de Oração em algumas regiões, em determinadas épocas, já que muitos mostravam-se reticentes para inscrever-se porque tinham ouvido dizer que as Oficinas estavam contagiadas com o espírito da New Age.

Esse acúmulo de boatos, divertidos alguns, alarmantes outros, foram abatendo-me por acumulação, em diferentes momentos durante estes anos. Em raras oportunidades, e fugazmente, deixei-me levar por reações agitadas, porém sem chegar propriamente a uma situação de crise. Rapidamente, no entanto, empreendia o caminho descendente que conduz ao mundo do sossego em busca de um tesouro: a serenidade. E ali, quantas vezes, ao contemplar o mistério eterno de Jesus, cheguei a experimentar a inefável alegria de me parecer, ao menos um pouco, com o Pobre de Nazaré, que caminhou entre nós envolto em incompreensão e calúnia.

Quanto ao mais, a experiência da vida demonstra peremptoriamente que nunca o caminho dos louros e das palmas conduz ao coração de Deus, e, ao contrário, os espinhos e as pedrinhas do caminho, uma vez dissipada a nuvem de pó emocional, fazem muito bem e nos depositam nas mãos do Pai.

DO MASTRO MAIS ALTO

Esquadrinhando o círculo dos horizontes do mirante mais alto da minha embarcação, chegam aos meus ouvidos os lamentos das nações vencidas e os ecos das terras esquecidas. Minha nau está iluminada por navios que ardem no mar, enquanto vai sulcando oceanos ignotos; porém, mesmo assim, nossa bússola já está orientada para o farol do repouso.

Muitos já me sentenciaram: você vai morrer com as botas calçadas. Não gostaria. As grandes aves marinhas voam longas distâncias para se alimentar mar adentro, e ao entardecer retornam às suas encostas habituais para pernoitar. Da mesma maneira as garças: ao amanhecer percorrem longas distâncias para se alimentar nas lagoas de águas lodosas, e ao anoitecer, formando pequenos e brancos bandos, regressam aos mesmos altos pinheiros para ali passar a noite.

Eu também, antes de retornar ao seio do Pai, sonho em deter meus cansados passos, aquietar os barulhos, acolher-me nos braços do silêncio e descansar à sombra do Altíssimo. Será possível? Já caminhei durante longos lustros pela flamejante senda que se abre acima dos meus sonhos.

Sempre naveguei contra a corrente, contrariando até minhas vontades. Nunca tracei de antemão sendas na montanha para depois percorrê-las. Nunca me sentei tranquilamente diante de uma ampla mesa para traçar um mapa de operações, um organograma minucioso, alguns planos de longo alcance, com objetivos precisos. Se alguma vez concebi planos e acalentei sonhos, Alguém se encarregou de desbaratá-los e transformá-los em migalhas no mesmo instante.

Agora que está entardecendo, como seria bom abrigar-me sob o arvoredo do sossego para reconfortar-me com o velho vinho da amizade divina que sempre sonhei, aquele vinho sem rótulos que somente ele e eu conhecemos! Será possível?

Meu nome ressoou em muitos lugares como um eco inextinguível, assumindo às vezes ares de lenda. Agora que estou entrando no ocaso, não existe editora que não me peça para editar algum dos meus livros. Todos os dias chovem sobre mim, como flechas ardentes, urgentes demandas, novos compromissos. O que Deus quer de mim? Eu também sou um pobre, não tenho direitos, não posso me queixar, nada posso reclamar. Onde está a sua vontade? Um dia permaneci no *front* aberto porque me parecia que a demanda multitudinária era sinal de sua vontade. Precisarei morrer, realmente, com as botas calçadas? Às vezes sinto vontade de gritar: livre-me dessa hora.

Nunca coloquei as minhas mãos sobre o timão da minha nau. Deixei-a à deriva, à mercê das ondas, sabedor de que o dono do mar controlaria a força e a direção dos ventos. O acaso, que é o novo nome do Desconcertante, apareceu-me uma e outra vez inesperadamente nas encruzilhadas dos caminhos, contra todos os prognósticos. Por acaso se iniciou a minha etapa de escritor; por acaso surgiram os Encontros de Experiência de Deus; por acaso nasceram as Oficinas, e tantas outras coisas.

Quem pode brandir o relâmpago, como se fosse uma espada? Quem pode agarrar e segurar com suas mãos a vontade de Deus, dizendo: aqui está, agora sim, não a soltarei? Somente do cume alto do sol poente, olhando por sobre o caminho percorrido, podemos vislumbrar, e imprecisamente, a estratégia ziguezagueante, a santa e imprevisível vontade do poderoso e carinhoso Pai. Enquanto isso, não nos cabe outra coisa a não ser baixar a cabeça e dizer: vou soltar os remos, e, quando quiser, onde quiser, leve-me!

* * *

Está anoitecendo. Foi um dia luminoso e cálido. No transcorrer das horas, com frequência, ao deter os passos, me invadia uma estranha sensação: alguém pegou o meu lugar, pensava, alguém me substituiu. Sentia-me como um títere movido pelos fios invisíveis de alguém que toma a iniciativa, que fala em meu lugar, que caminha e trabalha em meu lugar.

No fim desta longa jornada tenho uma evidência empírica: alguém me agarrou pelos cabelos como a Ezequiel, me levantou pelos ares, deixando-me agora na Babilônia, depois em Nínive, mais tarde em Tebas, para proclamar a peremptoriedade do Altíssimo, sua inevitabilidade, sua distância tanto quanto sua proximidade, sua imanência e transcendência, sua fascinação e sua ternura. Eu não fui um sujeito ativo, eu não fiz nada.

Como tantas vezes repeti nestas páginas, alguém abria as portas diante de mim e eu entrava. Aconteceu uma e outra vez. Essa evidência era tão granítica que, por esse motivo, as dificuldades não me abateram, os elogios não me comoveram, os que colocavam armadilhas e cavavam fossos no caminho não conseguiram enredar-me, os sucessos não me embriagaram. Não experimentava satisfação sensível naquilo que realizava, mas sim uma tranquila segurança de quem se sabe conduzido pela mão de Sua Vontade, e faz o que tem de ser feito. E o resultado é uma grande paz.

* * *

Em suma, tudo foi obra de Deus. E eu? Lembro-me daquela cena das *Florzinhas de São Francisco*, em que frei Maseo pergunta a Francisco: "Por que todo mundo procura você, se não tem nem preparo, nem beleza, nem eloquência...?". Parafraseando a resposta do Irmão, eu também poderia dizer: aquele Altíssimo Senhor escolheu-me para fazer algum bem, justamente a mim, inútil e insignificante, para que ficasse evidente e estridente diante do olhar de todos que não são os carismas pessoais nem a preparação intelectual que salvam; o único que salva, transfigura e levanta prodígios do nada é o Altíssimo Senhor Nosso Pai. Para ele seja a glória!

Para terminar, necessito expressar aqui uma palavra emocionada e fraterna de agradecimento aos sucessivos ministros provinciais da Província Capuchinha do Chile, os quais, um após outro, não só concederam-me sua total confiança durante estes vinte e cinco anos, depositando em minhas mãos a mais ampla liberdade para organizar-me e movimentar-me pelo mundo, mas também têm me estimulado constantemente, verbalmente e por carta. O próprio Deus seja a sua recompensa.

Rua Dona Inácia Uchoa, 62
04110-020 – São Paulo – SP (Brasil)
Tel.: (11) 2125-3500
http://www.paulinas.com.br – editora@paulinas.com.br
Telemarketing e SAC: 0800-7010081